Magdeleine di Gesù

Contemplative
nel mondo

Una nuova idea di vita consacrata

a cura
Andrea Mandonico

prefazione
card. Georges Cottier

T0161614

edizioni
terra santa

Progetto grafico: Elisa Agazzi

Copertina: Elisabetta Ostini

Per informazioni sulle opere pubblicate
e in programma rivolgersi a:

Edizioni Terra Santa
Via G. Gherardini 5 - 20145 Milano (Italy)
tel.: +39 02 34592679 fax: +39 02 31801980
http://www.edizioniterrasanta.it
e-mail: editrice@edizioniterrasanta.it

Finito di stampare nel settembre 2015
da Corpo 16 s.n.c., Modugno (Ba)
per conto di Fondazione Terra Santa

ISBN 978-88-6240-372-6

Alla memoria
di p.s. Lujza-Augusta di Gesù
e di p.s. Annunziata di Gesù
prime postulatrici di p.s. Magdeleine di Gesù.

Introduzione

1. Papa Francesco nella lettera apostolica per l'anno della vita consacrata, dedicato ai religiosi e alle religiose, dopo aver enumerato gli obiettivi di tale anno, caratterizza la stessa vita consacrata come una profezia: «La nota che caratterizza la vita consacrata è la profezia» (n. 2). Questo testo che avete tra le mani è stato un testo profetico quando apparve tra la fine del 1945 e gli inizi del 1946 e noi crediamo che lo sia tuttora poiché ancora oggi rivela la freschezza della sua intuizione e del suo modo di vivere la vita consacrata che il Cardinal Cottier ha espresso magnificamente e profondamente, con tratti veramente alti, nella sua prefazione.

2. Charles de Foucauld, del quale piccola sorella[1] Magdeleine vuole essere discepola, descrive così la vita consacrata:

> Tutti [i consacrati e le consacrate] si effondono in pura perdita di sé dinanzi a Dio come incenso, come lampade dolci e luminose, come un suono di melodia. Dimenticano totalmente se stessi e cercano unicamente ciò che più piace al Signore. [...] Imitano in tutto il Signore Gesù, che chiamano loro Sposo, cercando di conformare la propria anima alla Sua e la propria vita alla Sua vita.

---

[1] D'ora in poi P.s. o p.s.

Si sforzano di vivere pienamente dello spirito del Signore Gesù, in modo che non siano più loro a vivere ma sia Gesù a vivere in loro. Fanno il possibile per lasciare il Signore Gesù vivere in loro, sì che la loro vita diventi un prolungamento della sua. [...] Questi uomini e queste donne sono gli esseri umani più felici. [...] Amando Lui mille volte più di se stessi, dimenticandosi totalmente per non amare che Lui, hanno sete della sua felicità e non della propria: della sua felicità hanno certezza assoluta, ed essa li riempie di delizie perenni[2].

Forse al giorno d'oggi ci appare un po' naif ma non dobbiamo dimenticare che fr. Charles scrive nel 1901 per dei non cristiani. Dobbiamo invece cogliere la cifra principale che egli mette in risalto, cioè l'impegno di vivere come Gesù e come Lui donarsi totalmente a Dio e ai fratelli. Dunque la vita consacrata come "Memoria Jesu", così come scriverà San Giovanni Paolo II molti anni più tardi: «La vita consacrata costituisce memoria vivente del modo di esistere e di agire di Gesù come Verbo incarnato di fronte al Padre e di fronte ai fratelli» (VC 22). La vita consacrata fin dal suo inizio non è stata niente altro che mettersi al seguito di Gesù sino a diventarne memoria vivente "in modo che non siano più loro a vivere ma sia Gesù a vivere in loro".

P.s. Magdeleine ci ricorda che questa memoria ha la sua radice nell'umanità di Gesù. Questa è stata la sua via che ha ricordato alla Chiesa del suo tempo e che oggi troviamo nell'Evangelii Gaudium n. 8 «Giungiamo ad essere pienamente umani quando siamo più che umani, quando permettiamo a Dio di condurci al di là di noi stessi perché raggiungiamo il nostro essere più vero».

---

[2] *L'Evangile présenté aux pauvres*, 122-123.

I consacrati sono poi, agli occhi di fr. Charles, gli uomini e le donne più felici di questo mondo: "della sua felicità hanno certezza assoluta, ed essa li riempie di delizie perenni". Una gioia che nasce dall'avere abbracciato Gesù e il suo Vangelo. Vangelo che diventa la regola assoluta della loro vita e che colma il loro cuore e li rende felici, gioiosi. Come non ricordare che questa felicità, questa gioia è diventata "provocazione" non solo per i consacrati e le consacrate, ma per la Chiesa tutta da quando Papa Francesco ci ha donato l'*Evangelii gaudium*?

Da parte sua p.s. Magdeleine, al seguito di fr. Charles, sottolinea che la vita consacrata da lei voluta è una vita contemplativa nel mondo e oggi diremmo, sempre al seguito di Papa Francesco, nelle «periferie esistenziali» del mondo (n. 4). Infatti «come Fr. Charles, sedotto da Gesù nel mistero di Nazaret, le piccole sorelle sono chiamate a vivere una vita contemplativa nel mondo, in modo particolare nel mondo dei poveri»[3] con i quali Gesù si è identificato (Mt 25,40). Per questo stabiliscono «le loro fraternità là dove vivono i poveri, condividendone la condizione sociale, le sofferenze e le umiliazioni, la povertà dell'alloggio, la durezza del lavoro manuale e il rifiuto dovuto a determinate miserie morali»[4].

Questa compartecipazione alla vita dei poveri è possibile perché le piccole sorelle, come Gesù a Nazaret, fanno «della carità fraterna e universale l'opera di tutta la loro vita»[5], la regola suprema, il più grande comandamento del Signore. Una carità che le porterà ad essere pienamente umane facendosi "tutte a tutti", ad abbandonare il proprio paese per incarnarsi in un popolo «lasciandosi plasmare dalla sua cultura specifica»[6], a far cadere barriere, rispet-

---

[3] Costituzioni delle Piccole Sorelle di Gesù (Cost. PSG) art. 2.
[4] Cost. PSG art. 8.
[5] Cost. PSG art. 21.
[6] Cost. PSG art. 23.

tando la mentalità e accogliendone i valori ed essere così segno d'universalità, di quella fraternità universale tanto cara a fr. Charles.

Un amore che si prolunga nell'amicizia con essi. «Con grande rispetto della persona umana, creatura di Dio, saranno umilmente le piccole sorelle e le amiche di tutti e, come Gesù, avranno un amore di predilezione per i più poveri e i più abbandonati»[7]; cercheranno «di amarli con la rispettosa tenerezza di Dio»[8]; di partecipare «ai loro tentativi per trasformare condizioni di vita così spesso disumanizzanti […]; di difenderne i diritti inalienabili»[9]; di essere solidali con coloro che lottano per costruire un mondo più giusto e più fraterno, senza lasciarsi prendere dalla spirale della violenza nei conflitti di classe, di nazioni o di razze, ma a ricercare instancabilmente l'unità, la pace e la comprensione, testimoni di Cristo e della speranza che egli porta al mondo. Un'amicizia che diventa quindi testimonianza silenziosa dell'amore di Dio, di Gesù Cristo e del suo Vangelo. È questo il loro stile di fare apostolato, di "gridare il Vangelo con tutta la loro vita", affinché Gesù Cristo sia riconosciuto come tale e tutti possano accogliere la sua Parola, il suo Vangelo, e da lui essere redenti e salvati.

3. Veniamo al libro che avete nelle mani, composto da brevi capitoli agili che ci aiutano a meglio capire e cogliere la "profezia" del Bollettino Verde. Troverete nel primo capitolo una presentazione storica del bollettino verde di Michel Lafon, discepolo di P. Peyriguère. Nel capitolo seguente p.s. Annunziata di Gesù ci guida per mano a cogliere la ricchezza dello scritto di p.s. Magdeleine e della vita delle piccole sorelle di Gesù e a

---

[7] Cost. PSG art. 56; cfr. pure art. 8.
[8] Cost. PSG art. 56.
[9] Cost. PSG art. 9.

"contemplare" come esse, in ogni angolo del mondo, cerchino di testimoniare "come Gesù ha vissuto su questa terra", a Nazaret, con animo grato, con passione e colme di speranza per il Regno di Dio che continuamente sorge all'orizzonte avendo messo la loro mano nella mano di Colui che è "Signore dell'impossibile".

Al centro troverete il Bollettino Verde così come è uscito dal cuore di p.s. Magdeleine per le sue piccole sorelle e che voleva illustrare il suo stile di vita religiosa al seguito di fratel Charles di Gesù.

Questi è seguito da due altri brevi capitoli. Quello di p.s. Mariam-Nour, piccola sorella di Gesù siriana, che ci fa cogliere come p.s. Magdeleine sia stata "un lievito nella pasta" e abbia saputo suscitare "una scuola di vita, scuola di vita contemplativa, al tempo stesso antica e attuale, perché radicata nel Vangelo e nella tradizione cristiana universale, così com'è vissuta da noi, in Oriente, e nel mondo intero". E quello di p.s. Annie di Gesù che ci aiuta a cogliere la profondità, senza dubbio spirituale, ma direi anche teologica, del Bollettino Verde di come l'Amore per il "suo beneamato Fratello e Signore Gesù" abbia dato a p.s. Magdeleine la forza di andare controcorrente e a invitare le sue piccole sorelle a incarnarsi là dove erano state mandate per essere testimoni di Gesù e del suo Vangelo "non predicandolo, ma vivendolo". "Come lievito nella pasta".

P. Andrea Mandonico, sma
Postulatore

Nota per il lettore. Si troveranno delle ripetizioni tra un capitolo e l'altro, ma ho fatto la scelta di non toccare il testo per non togliere la freschezza con la quale è sgorgato dal pensiero e dalla penna degli autori.

Prefazione

Il testo che si trova al centro di questo bel libro, chiamato "il Bollettino Verde", ci introduce nella conoscenza del messaggio eccezionale che ci ha lasciato piccola sorella Magdeleine di Gesù. Il testo è diviso in due parti. La prima sviluppa la convinzione che si trova alla base dell'opera: Charles de Foucauld è *l'unico Fondatore* delle piccole sorelle di Gesù. Tale convinzione rivela la profondità e la perspicacia con cui piccola sorella Magdeleine ha accolto la visione profetica dell'Eremita del Sahara.

Quanto alla seconda parte è stata piccola sorella Magdeleine stessa a darne il titolo: «questo è il mio testamento». Questo titolo però non ci deve indurre a malintesi. Piccola sorella Magdeleine se ne assume direttamente la responsabilità, ma senza prendere distanza né provocare rotture dalle intuizioni del Fondatore. Le direttive che lei propone nascono dalla sua percezione di uno sguardo sorprendentemente acuto delle esigenze e delle potenzialità attuali.

Due affermazioni di questo testamento attirano particolarmente l'attenzione. Marcano la storia della spiritualità; si iscrivono nella maturazione spirituale che ha preparato l'evento del Concilio Vaticano II.

La vocazione delle piccole sorelle di Gesù è definita come una vocazione contemplativa. Ma al contrario di quanti, per rispondere alle sue esigenze, si ritirano nella solitudine del chiostro, le Piccole Sorelle condividono il modo di vivere che è la sorte della maggioranza delle persone, «come il lievito nella massa». La parola massa, a prima vista, sorprende. Essa però non corrisponde a ciò che evoca oggi, quando noi conosciamo il fenomeno della massificazione con la solitudine di cui soffre l'individuo nell'anonimato della folla. Esprime invece la condizione dell'immensa maggioranza della gente, compresi e in modo prioritario e privilegiato, coloro i quali in questa maggioranza sono dimenticati e praticamente esclusi. È così che piccola sorella Magdeleine, pensando alle popolazioni nomadi, penserà ai più indifesi, come i pigmei. Perché questa condivisione di vita, se non per far scoprire ad ognuno che è persona e che Dio l'ama per ciò che è? Un'espressione di san Giovanni Paolo II esprime bene ciò che è il cuore dell'intuizione di piccola sorella Magdeleine: a proposito della chiamata alla santità di tutti i battezzati, egli parla della «alta misura» della «vita cristiana ordinaria»[1]. Questa parola deve essere ricevuta alla luce del disegno di Colui che vuole che tutti gli uomini siano salvi (cf. 1Tm 2,4).

La ragione ultima dell'immersione nella massa è che Gesù stesso ha fatto parte di questa massa umana. Tocchiamo qui la profondità del mistero dell'Incarnazione, che siamo condotti a contemplare nella vita nascosta di Nazaret e, ancora prima, in "Gesù, il piccolo Gesù del Presepio", ricevuto con un cuore di bimbo dalle mani della Vergine Maria, sua madre.

Così si capisce perché la vocazione delle Piccole Sorelle è eminentemente contemplativa. Guardar vivere Gesù, che è "il Modello Unico", imitarLo e seguirLo, è il principio e l'anima di questa vocazione. Non si tratta di copiare, di riprodurre a distanza, perché la contemplazione cristiana nasce dall'amore e l'a-

---

[1] Giovanni Paolo II, *Novo Millennio Ineunte*, Lettera apostolica, 6 gennaio 2001, n. 31.

more è la fusione delle volontà, assimilazione, trasformazione, unità, è questo che fa scrivere al Padre de Foucauld: "la misura dell'imitazione è quella dell'amore". Lo sguardo contemplativo è guidato dallo Spirito Santo, che è Spirito d'amore. Come dice la prima lettera di San Giovanni (4,19): ...«Noi amiamo, perché Egli ci ha amati per primo». L'insegnamento di piccola sorella Magdeleine è una delle più belle presentazioni di questa parola dell'Apostolo, che condensa l'essenziale della vocazione cristiana.

Un'affermazione di piccola sorella Magdeleine ha sorpreso e addirittura scioccato alcuni. Pertanto alla luce della santità insigne della santa famiglia di Nazaret, è di una limpidità perfetta: «prima di essere religiosa, sii umana e cristiana, in tutta la bellezza del termine. Sii *umana* per glorificare meglio il Padre nella sua creatura e rendere testimonianza all'Umanità Santa del tuo Beneamato Fratello e Signore Gesù...».

L'umanità, così come noi la sperimentiamo in noi stessi e intorno a noi, è un'umanità piena di distorsioni e di zone di ombra. Però, per quanto miserevole e ripugnante sia, non è mai distrutta ed è sempre suscettibile di essere restaurata e redenta. È questa bellezza originaria e questa capacità di conversione, che lo sguardo contemplativo sulla famiglia di Nazaret ci fa scoprire in ognuno. Con questo sguardo, tocchiamo le radici del vero umanesimo. È nel Verbo incarnato che vediamo la grandezza e la bellezza della nostra umanità che Egli ha voluto condividere.

L'insieme dei capitoli di questo libro ci aiutano ad accogliere uno dei più grandi doni che il Signore ha fatto alla Chiesa del nostro tempo.

+ Georges Card. Cottier, OP

Il rinnovamento della vita religiosa

Il Bollettino verde e il rinnovamento della vita religiosa

Michel Lafon *

La nostra storia politica e letteraria è caratterizzata da un susseguirsi di «manifesti», cioè di scritti che offrono al pubblico la sintesi di idee nuove incarnate in un movimento di pensiero e di opere che segna un'epoca.

Quando, nell'aprile 1946, venne pubblicato lo scritto di piccola sorella Magdeleine, che poi sarebbe stato conosciuto sotto il nome di Bollettino verde[1], lo recepimmo come il manifesto di una nuova concezione della vita religiosa. Ai miei confratelli e a me, allora seminaristi, queste pagine ci apparvero rivoluzionarie e ci riempirono di entusiasmo. Certo, gli anni che seguivano la liberazione della Francia, erano fervidi di novità in tutti i campi. C'era un fermento straordinario d'idee e d'iniziative, che faceva soffiare sulla Chiesa un vento di rinnovamento e di giovinezza.

---

* Della famiglia di Charles de Foucauld in qualità di successore del padre Peyriguère, Michel Lafon vive a El Kbab, in Marocco, da quarant'anni. Ha incontrato piccola sorella Magdeleine per la prima volta tramite il Bollettino verde, nel 1945. Tra le sue pubblicazioni, *Prier 15 jours avec pte sr Magdeleine*, Nouvelle Cité, Paris 1998.
Questo testo è apparso per la prima volta nel volume: Fraternità delle Piccole Sorelle di Gesù (a cura), *Magdeleine di Gesù. Fondatrice delle Piccole Sorelle*, Jaca Book, Milano, 1999, pp. 45-54.
[1] Il Bollettino verde, così chiamato per il colore della copertina, è stato scritto da piccola sorella Magdeleine e destinato «a tutte coloro che Fr. Charles di Gesù attira al suo seguito nella Fraternità delle piccole sorelle di Gesù».

È difficile, soprattutto per i più giovani, immaginare il contesto ecclesiale dell'epoca. Vale comunque la pena di evocare le ragioni dello shock suscitato da questo testo. Lo stile, in primo luogo, il fatto cioè di interpellare ogni futura piccola sorella dandole il tu e usando un linguaggio molto diretto, era mille miglia lontano dallo stile religioso dell'epoca. Poi, soprattutto, quello che scriveva piccola sorella Magdeleine «per adeguarsi ai bisogni nuovi di un secolo nuovo», andava a raggiungere l'immenso movimento dei cristiani, in Francia e altrove, dominato dalla grande figura del cardinale Suhard. Si trattava del cosiddetto «passare ai barbari», che esigeva di far cadere le barriere ecclesiastiche e culturali che separavano la Chiesa dal mondo non-cristiano, in particolare dal mondo operaio.

Diverse affermazioni di piccola sorella Magdeleine andavano in questo senso: «Ti dovrai fare della famiglia, dell'ambiente, della patria di coloro che vorrai salvare e di cui dovrai assumere lingua, costumi e persino mentalità, per quanto differenti dai tuoi. Ti dovrai fare veramente una di loro» (*infra*, p. 78). Più avanti precisava: «Come Gesù durante la sua vita umana, fatti tutta a tutti: araba in mezzo agli arabi, nomade in mezzo ai nomadi, operaia in mezzo agli operai... ma prima di tutto umana in mezzo agli esseri umani. Non ti credere obbligata, per salvaguardare la dignità religiosa e la vita di intimità con Dio contro i pericoli esterni, di drizzare una barriera tra il mondo laico e te. Non ti mettere ai margini della massa umana» (*infra*, p. 91). È quello che alla stessa epoca tentavano di realizzare i preti operai. E la celebre formula, che ci sembra così naturale oggi, allora appariva esplosiva: «Prima di essere religiosa, sii umana e cristiana» (*infra*, p. 92).

Un punto di partenza simile non poteva non condurre a una nuova concezione della vita religiosa, segnata dalla condivisione del lavoro e del modo di abitare dei ceti più poveri. L'accento po-

sto sulla soppressione delle barriere che separano e la valorizza-
zione delle «Virtù umane» trasformavano completamente le regole di condotta abituali della vita religiosa: «Non ti si chiederà,
in nome della modestia religiosa, di vivere ad occhi bassi, ma di
spalancarli per vedere bene accanto a te tutte le miserie e anche
tutte le bellezze della vita umana e dell'universo tutto intero»
(*infra*, p. 96). E piccola sorella Magdeleine aggiungeva il grande
principio, eco della massima agostiniana: «la carità al disopra di
tutte le regole» (*infra*, p. 93).

Un cardine essenziale

Senza aggiungere altre citazioni, vorrei sottolineare che, per
piccola sorella Magdeleine, la volontà che le piccole sorelle fossero mischiate alla massa umana come il lievito nella pasta, costituisce un cardine essenziale di «questa nuova concezione della vita
religiosa» (*infra*, p. 92), tanto che la difenderà dal principio alla
fine della sua vita. Nel 1942, dunque all'inizio della fondazione,
scrive: «Siamo fatte per mischiarci intimamente alla folla, come
Gesù per le strade di Galilea» (I,126)[2] E nel settembre 1989, qualche settimana prima di morire, ripete con fermezza: «La nostra
vocazione è per stare nel mondo... Non ho fondato la Fraternità
per stare bene tra di noi. Ho fondato la Fraternità per essere una
testimonianza in mezzo al mondo» (IX,216).

Due sono le convinzioni che stanno alla base di quest'orientamento fondamentale. La prima è la sua passione dell'*unità*, termine col quale piccola sorella Magdeleine ha voluto «definire la
missione della Fraternità». Nell'unità «troviamo l'essenza stessa

---

[2] La cifra romana rinvia al volume delle *Lettres* di p.s. Magdeleine (pubblicate ad uso delle piccole sorelle).

dell'amore, perché l'amore non può esistere senza l'unità. Amare è voler fare una cosa sola con quelli che si amano» (III,427). Ciò si oppone, evidentemente, a tutto ciò che separa e porta invece alla condivisione di vita.

La seconda convinzione è che tutti i cristiani sono chiamati a essere contemplativi. «Non ti spaventino questi termini di vocazione contemplativa, di contemplazione. Non evochino, ai tuoi occhi, l'idea di una vocazione eccezionale, di una cosa talmente elevata che la maggioranza delle persone non vi possa accedere» (*infra*, p. 100). La vita contemplativa non è riservata a quanti popolano le clausure, ma può essere vissuta in mezzo al mondo.

Al seguito di fratel Charles

Charles de Foucauld è per piccola sorella Magdeleine «l'unico fondatore» delle piccole sorelle: «Io non sono altro che quella che cerca di trasmetterti il suo pensiero, dopo aver cercato di raccoglierlo il più fedelmente possibile, negli insegnamenti della sua vita e della sua morte molto più che nel suo regolamento. Fratel Charles di Gesù non può essere né inquadrato né ridotto a un regolamento che egli non ha mai sperimentato con dei discepoli e dal quale si è sempre più allontanato» (*infra*, p. 76).

Piccola sorella Magdeleine ha dunque attinto da lui la sua ispirazione. Già la lettura della sua biografia, pubblicata da René Bazin nel 1921, l'aveva fatta vibrare, trovandovi l'ideale che sognava: «il Vangelo vissuto, la povertà totale, il nascondimento in mezzo alle popolazioni abbandonate... e soprattutto l'amore in tutta la sua pienezza: Jesus-Caritas, Gesù-Amore» (I,15). Questa frase delinea già l'ideale delle piccole sorelle. E si noti l'espressione «nascondimento in mezzo alle popolazioni abbandonate». Con gioia piccola sorella Magdeleine trovava le sue stesse aspirazioni espresse e vissute da Charles de Foucauld.

Quest'ultimo lasciò, com'è noto, la trappa di Akbès, benché poverissima, per «vivere la vita dei poveri». «Abbiamo come Gesù quella povertà che consiste nel vivere come i poveri, nel non avere in quanto ad alloggio, cibo, vestiti, beni materiali di ogni genere insomma, nient'altro che il necessario, al pari dei poveri. Abbiamo non già una povertà di convenzione, ma la povertà dei poveri»[3]. Anche se la vita di fratel Charles non corrisponde sempre a questo ideale, è proprio il nascondimento che piccola sorella Magdeleine sognava. Un incontro, nel 1942, le conferma il pensiero di fratel Charles. Dopo una conferenza, le viene a parlare una signora. «Era a Lione, racconta p.s. Magdeleine, e la sua famiglia ospitava fratel Charles ogni volta che tornava in Francia. Mi ha detto che tutta la sua preoccupazione, da ultimo, era la creazione di una congregazione di religiose molto mischiate alla popolazione. Avrebbe voluto essere lei la prima, ma aveva solo diciotto anni» (I,127).

Fin dal 1944 espose a mons. Montini e al papa Pio XII la sua «sofferenza di sentire tanta incomprensione negli ambienti ecclesiastici e religiosi... e questo non tanto a causa del nostro desiderio di essere povere, ma del nostro desiderio di essere "socialmente" alla pari dei poveri lavoratori manuali. Ho detto (loro) quanto mi facesse male di sentir parlare sempre di "dignità religiosa". Non era "dignitoso" per una religiosa di portare lo zaino sulle spalle, di viaggiare come i poveri nella stiva delle navi, di essere curate nelle corsie come gli indigenti» (III,451-52).

E nel 1981, gettando uno sguardo sugli anni passati, piccola sorella Magdeleine poteva riconosce che «da più di quarant'anni, la Chiesa ha accettato che una delle sue congregazioni facesse ufficialmente parte del mondo dei poveri a scapito di quella che una volta si chiamava "dignità religiosa"» (VI,369).

---

[3] *Opere spirituali*, Antologia, Edizioni Paoline, 1984, pp. 167 e 161-62.

Così questo cardine essenziale del Bollettino verde era conforme al pensiero di fratel Charles, che voleva una presenza contemplativa di religiose mischiate alla massa umana e che vivessero socialmente la condizione dei poveri.

Le reazioni

La pubblicazione di questo documento provoca una valanga di reazioni, entusiaste o indignate. Il 21 aprile 1946 (il numero del *La Vie spirituelle* è quello di aprile), piccola sorella Magdeleine osserva: «Il "lievito nella pasta", scritto esclusivamente per le piccole sorelle – e che è apparso sulla stampa senza il mio consenso – comincia a suscitare reazioni appassionate pro e contro. Sono desolata e cerco in che modo calmare l'opinione pubblica» (I,286). Per i lettori entusiasti, il suo scritto è una luce di speranza. Senza che lo potessimo immaginare, annunciava già il Concilio.

Nel frattempo alcune autorità religiose temono le conseguenze di un simile manifesto. Così a Lione, mons. Rouche, ricevendo piccola sorella Magdeleine, le dichiara: «Ha combinato un bel guaio. Ora i giovani preti si prenderanno tutte le loro libertà con la scusa del 'lievito'» (lett. al p. Voillaume, 14 giugno 1946). Il card. Gerlier condivide gli stessi timori: «Deplora soprattutto l'espressione 'obbedire intelligentemente'» (*ibid.*). Un prete rimprovera energicamente piccola sorella Magdeleine: «Che idea scrivere pagine rivoluzionarie di quella specie... Si spargono tra i seminari. Quanto male ha fatto!» (I,444).

Altri, invece, compresi dei vescovi, sono di parere diverso: «Mons. de Provenchères – il nostro nuovo arcivescovo – ha detto di approvare tutto, ma che bisognava parlare con molta delicatezza e carità» (25 aprile 1946, I,287). Il sostegno di colui che diventava l'Ordinario delle piccole sorelle non verrà mai meno per piccola sorella Magdeleine. Alcuni anni più tardi, con quale

bontà sorridente scriverà: «C'è, credo, nella sua formula qualcosa di nuovo che rende difficile farla rientrare in un quadro»
(1960, III,313).

Tornando alla tempesta sollevata involontariamente, piccola sorella Magdeleine scrive: «Il mio testamento, "il lievito nella
pasta", va ora per la sua strada. Ma non c'è giusto mezzo tra
l'entusiasmo e la condanna. Diverse religiose hanno reagito nella
prima maniera, e questo mi ha consolata» (2 giugno 1946, I,292).

Delle giovani, numerose, riconoscono che quest'ideale religioso corrisponde alle loro aspirazioni e vengono a bussare alla
porta del Tubet, la casa-madre di Aix-en-Provence. «Mi ricordo
ancora con emozione, scrive una di loro, l'illuminazione provata
a questa lettura: qualcuno che esprimeva quello che sentivo nel
più profondo del cuore! Avevo allora 18 anni ed ero in ricerca,
esitando tra il carmelo, la trappa e... la missione operaia! Conciliare l'assoluto di una vita contemplativa e la condivisione della
condizione operaia diventava dunque possibile, ascoltando piccola sorella Magdeleine» (testimonianza inedita, 12 marzo 1998).

C'erano meno di trenta piccole sorelle al momento della pubblicazione del «Lievito nella pasta»; sette anni dopo sono dieci
volte più numerose e nel 1957 sono 600. Alcune lettrici, a causa
della formula «questo è il mio testamento», suppongono che l'autrice sia morta! D'altra parte piccola sorella Magdeleine scrive a un
amico: «Povera fondatrice... bisognerebbe che me ne andassi presto in paradiso, visto che il mio testamento è pubblicato» (I,288).

La pubblicazione

Piccola sorella Magdeleine era dispiaciuta dello scalpore
suscitato dal «Testamento», tanto più che era estranea alla sua
pubblicazione, dal momento che La Vie spirituelle ne aveva preso
l'iniziativa a sua insaputa.

Dal 10 settembre al 5 ottobre 1945, piccola sorella Magdeleine redige infatti per le piccole sorelle ciò che costituisce l'attuale Bollettino verde: «Insisto particolarmente, – scrive – sul
'lievito nella pasta' che chiamo 'il mio testamento' e che spiega la nuova forma di vita religiosa, non fuori dal mondo, ma
immerse nella massa per fare una cosa sola con essa» (I,265).
Affida alle piccole sorelle del Tubet queste pagine che ha finito
di scrivere rapidamente, «chiedendo loro di non farle vedere
a nessuno. Ma hanno commesso l'imprudenza di mostrarne
la brutta copia al padre Monier durante un suo passaggio. E
lui, tutto felice, lo fa battere a macchina e ciclostilare per la
Mission de France a Lisieux» (V,443). Provvidenziale imprudenza! Il padre Monier non era «uno qualunque» per le piccole
sorelle: questo gesuita, celebre maestro di vita spirituale, era
allora, in mezzo a tante incomprensioni, l'amico prezioso e il
grande ammiratore della Fraternità, e lo resterà fino alla morte
avvenuta nel 1977.

Il testo, che continua a circolare, va a finire sulla scrivania
del padre Henry, il domenicano che dirige *La Vie spirituelle* e
che trova del tutto naturale proporre la pubblicazione nella sua
rivista.

Piccola sorella Magdeleine, messa al corrente, manda telegrammi e lettere per impedirne la comparsa, ma è troppo tardi... E si è visto quale tempesta avrebbe sollevato questa pubblicazione! Riuscirà soltanto, per il numero di novembre (1946),
di presentare ai lettori la parte del Bollettino verde omessa in
aprile. Un anno più tardi avrà la soddisfazione di vedere ripro-
dotti su *Ecclesia*, rivista illustrata mensile del Vaticano, questi
articoli de *La Vie spirituelle*, preceduti da un'introduzione favo-
revole.

È in questo modo che il pubblico scoprì questo testo ed esso
ebbe tanta risonanza nella Chiesa.

Dopo il Concilio

A partire dal Concilio vengono operate trasformazioni spettacolari nella maggioranza delle Congregazioni religiose. Esse non permettono più di comprendere la novità rappresentata dal Bollettino verde. Penso, per esempio, alla relazione tra le religiose e le loro famiglie. Di questa novità, piccola sorella Magdeleine era pienamente consapevole. Nel 1948 scriveva al padre Voillaume: «Sento il peso della responsabilità immensa che porto di una congregazione nuova... di uno spirito religioso nuovo» (I,423). E dopo il Concilio, diceva alle piccole sorelle: «Rileggete le parole del mio 'testamento'. Porta la data del 1945, ma è ancora più attuale oggi che non a quell'epoca in cui appariva rivoluzionario» (1970, IV,400).

Piccola sorella Magdeleine aveva dato il via a un movimento nella Chiesa. Come le scriveva nel 1968 quella che era stata la sua maestra delle novizie presso le Suore Bianche: «La linfa giovane sale dalle profondità che lei ha dissodato, seminato, e vedrà moltiplicarsi i frutti non solo nel suo, ma in tanti altri istituti che guardano a lei» (IV,255). Negli ambienti del Vaticano, alla stessa epoca, erano in molti a condividere lo stesso punto di vista. Il padre Heston, segretario della Congregazione per i Religiosi, dichiarava: «Credo che si possa dire che per certi versi, la vostra vocazione, la vostra vita religiosa, l'attività della vostra congregazione provocano uno shock continuo e vivente nella Chiesa, perché una congregazione consacrata nello stesso tempo, profondamente, abbondantemente, alla vita contemplativa, è qualcosa che fa riflettere nel mondo attuale» (IV,392).

Le congregazioni religiose, alle prese col loro «aggiornamento», non erano sempre consapevoli di camminare su una strada aperta da piccola sorella Magdeleine. Certe responsabili mi hanno scritto che, nel rinnovamento della loro vita religiosa, non erano state influenzate dallo stile di vita delle piccole sorelle e che ignoravano tutto del Bollettino verde. Lo Spirito, come il vento, soffia e non si sa da dove viene! I cambiamenti importanti realizzati allora nella vita religiosa, raggiungevano, in molti punti, le intuizioni di piccola sorella Magdeleine: «Siamo ancora giovani, diceva alle piccole sorelle, e siamo state, grazie a piccolo fratello Charles di Gesù, impregnate fin dalla nascita dallo spirito del Concilio» (IV,134).

Dopo la sua morte, numerose testimonianze hanno sottolineato il ruolo significativo da lei svolto nella storia della Chiesa contemporanea. Eccone una: «La vita religiosa di oggi le deve molto; è stata anche per noi, e non solo per la famiglia religiosa che ha fondato, una fonte d'ispirazione, un appello a rinnovarci, a ritornare alle origini e al carisma della nostra fondatrice» (IX,390).

E per finire, ecco la testimonianza di una superiora generale: «Piccola sorella Magdeleine è stata un profeta e un precursore nella Chiesa e per la vita religiosa, inducendo tante donne a vivere con e come i più poveri, i più disprezzati ed emarginati, a seguire Gesù nella radicalità del Vangelo. Ha segnato la vita di tante congregazioni femminili, e anche maschili, e noi le siamo riconoscenti» (IX,394).

Questo è
il mio testamento

Origine del Bollettino Verde

Annunziata di Gesù*

Negli anni '20 del secolo scorso, Magdeleine Hutin aveva fatto parte dell'Azione Cattolica. In particolare, da quando si stabilì a Nantes nel 1928, grazie al suo confessore, l'abbé Chancerelle, che era anche all'origine della JOC[1] a Nantes (nata in Belgio nel 1926 ad opera dell'abbé Cardijn, poi cardinale), lei stessa ne fece subito parte, diventandone una delle prime animatrici. Sembrerebbe una contraddizione, e lo era, nella sua vita, poiché insegnava in una scuola per giovani di alto livello sociale. In realtà la sua preferenza era rivolta all'ambiente circostante, la grande periferia di Nantes, una volta campagna e ora diventata periferia operaia, un grande quartiere popolare e senza parrocchia. Tant'è vero che ottenne il permesso dalle Suore di aprire la cappella agli esterni e di iniziare, in locali dismessi dell'istituto, una "scuola popolare" per le bambine di famiglia operaia, purché trovasse lei i mezzi per pagare gli insegnanti (come fece con grande inventiva). Insomma, il suo cuore pendeva per queste bambine e per il loro ambiente. Era consapevole, per questo, di vivere come una doppia vita e, in

---

* P.s. Annunziata di Gesù (1941-2013), profonda conoscitrice del carisma di fratel Charles, ha dedicato gli ultimi anni della sua vita al lavoro per la causa di beatificazione di p.s. Magdeleine. Ha pubblicato molti libri per far conoscere la spiritualità delle Piccole Sorelle di Gesù.
[1] Gioventù operaia dell'Azione Cattolica.

parte, in futuro si pentirà di aver quasi disprezzato l'ambiente ricco del collegio.

In quel periodo, parlando di Azione Cattolica, in un taccuino di appunti personali, nel 1934, ancora a Nantes, scriveva:

L'azione cattolica
La sua natura: partecipazione laica organizzata all'apostolato gerarchico
Il suo scopo: la conquista delle anime negli ambienti chiusi a Cristo
Apostolato dell'ambiente con l'ambiente [...]

Ecco, l'apostolato dell'ambiente con l'ambiente diventerà una delle idee chiave della sua spiritualità futura, anche se alla fine sarà espresso con altre parole. Così Magdeleine metterà insieme uno dei metodi della JOC, e dell'Azione Cattolica in generale, con quello di fratel Charles, un metodo pensato per laici impegnati con quello di un "monaco", che però si definiva "monaco-missionario" e che, in particolare a Tamanrasset, intendeva condividere la vita degli altri, come Gesù a Nazaret, facendosi "Tuareg con i Tuareg".

Insieme allo stile della JOC, bisogna ricordare il pontificato di Pio XI, caratterizzato da una forte apertura all'evangelizzazione dei popoli, intesa e praticata in modo nuovo, come chiariva nell'enciclica *Rerum ecclesiae* (1926). Da un lato il papa insisteva su un impegno più incisivo nei paesi più lontani, dall'altro auspicava l'"indigenizzazione" delle chiese autoctone e l'eventuale fondazione di congregazioni locali più adatte all'indole e alle condizioni dei territori interessati. Rispetto al mondo musulmano, il papa aveva creato, al Pontificio Istituto Orientale, una cattedra d'istituzioni musulmane affidandola all'abbé Paul Mulla Zade, turco di origine musulmana che si era convertito a Aix-en-Provence ed era vicario della parrocchia dove per anni abitò

Magdeleine con la famiglia[2]. Inoltre Pio XI appoggiava l'Istituto di Studi Orientali del Cairo, con i padri domenicani Anawati e Jomier. Come osserva Voillaume, chi si orientava in quegli anni verso progetti missionari, era segnato proprio dall'impulso nuovo dato alla missione e dalle settimane di missiologia, in cui si diffonde una teologia basata sul cosiddetto *adattamento*, precursore di quella che si chiamerà *inculturazione*.

Sono tutti aspetti che ritroviamo, fin dai primi anni di fondazione, in p.s. Magdeleine.

Saltando vari passaggi e ritrovando Magdeleine in Algeria, nel 1938, quando stava per lasciare Boghari e le opere di assistenza, o qualche mese dopo, quando era già nel noviziato delle suore Bianche, c'è da segnalare un suo documento importante. Sono quelle che mons. Nouet, il prefetto apostolico del Sahara, chiamerà *Notes de Magdeleine Hutin*, che mettevano in rilievo i punti essenziali della sua vocazione in vista di scelte future, appoggiandole su una serie di testi di Charles de Foucauld. Il documento è di data incerta, ma sicuramente del 1938, e forse richiesto proprio da mons. Nouet per capire cosa volesse questa

---

[2] Mehemet Ali Mulla Zade nato nel 1881. Figlio di un medico musulmano, studia ad Aix-en-Provence. Nel corso di filosofia rimane affascinato da Maurice Blondel e decide di incontrarlo. In seguito a vari colloqui, esprime il desiderio di diventare cristiano. Sarà battezzato il 25 gennaio 1905; Blondel gli farà da padrino e prenderà il nome di Paolo. Ordinato prete nel 1911 sarà mobilitato durante la guerra. Nel 1924, Pio XI lo chiama al Pontificio Istituto Orientale, creato da Benedetto XV nel 1917, e appena riorganizzato affidandone la direzione ai gesuiti. Paul Mulla, prete diocesano, costituiva un'eccezione. Nel 1928 è inviato come capo delegazione al Congresso internazionale degli Orientalium. Rimarrà per più di 35 anni a Roma rendendo presente nel cuore della Chiesa il dialogo islamo-cristiano. Avrà come studente, dal 1929 al 1931, René Voillaume. Amico di Louis Massignon, avviò a Roma un gruppo della Badalyia, ai cui incontri partecipò pure Mons. Montini, allora alla Segreteria di Stato.

donna. Queste *Notes* mostrano che non ha ancora in mente una vera e propria congregazione, ma un piccolo gruppo di sorelle "nomadi con i nomadi", proprio come Charles de Foucauld a Tamanrasset. Va detto che queste *Notes* costituiranno in seguito il testo-base su cui Magdeleine comporrà le prime Costituzioni e il primo Direttorio durante il Noviziato dalle suore Bianche, nel 1938-1939. Vi si trova il desiderio di stringere relazioni di amicizia intima con gli Arabi[3], di farsi come della stessa *famiglia*, senza stile monastico, e tuttavia vivendo una vera vita religiosa sancita dai voti. Sarebbe stato dunque necessario viverla...

> ...ancor più profondamente, in quanto non ci sarà la salvaguardia della clausura. La carità esercitata all'esterno non dovrebbe essere altro che lo straripamento di questa Carità profonda attinta da una vita di preghiera, l'irradiazione di Cristo stesso.

Riprendeva tali e quali certe affermazioni di Charles de Foucauld, soprattutto quelle fondate sullo spirito della *Visitazione*, per cui si trattava di visitare i nomadi nei loro ambienti di vita, portando "Nostro Signore presente in noi". E sottolineava l'altro tratto caratteristico della spiritualità di Charles de Foucauld, quello del *dissodare*:

> Essere un po' "dissodatrici", senza tenere a nessun angolo della terra e lasciando il posto ad altri, appena sembrerà opportuno.

Nel 1940, subito dopo la prima esperienza nella fraternità di Touggourt, quando p.s. Magdeleine comincia ad andare in giro

---

[3] I Francesi non facevano distinzione, allora, tra Arabi e Berberi, anche per una scelta politica di generale arabizzazione.

per la Francia a far conferenze e a proiettare un piccolo film girato in Algeria[4], spiega l'apostolato della Fraternità delle Piccole Sorelle di Gesù di nuovo come "l'apostolato dell'ambiente con l'ambiente", che consiste, come dice in un testo base, nel...

> ...vivere semplicemente, in mezzo a loro, la nostra vita contemplativa, facendo tutti i servizi di carità e d'amicizia possibili... È tutto... Saremo all'avanguardia... poi cederemo il posto agli altri, perché vi stabiliscano le grandi opere missionarie che non appartengono alla nostra vocazione.

Nel 1941, propongono alla fondatrice di partecipare all'*Esposizione Missionaria di Marsiglia*, aperta dall'8 alla fine di settembre. Oltre al primo Bollettino di notizie, prepara allora una sorta di manifestino, intitolato *Fraternità delle Piccole sorelle di Gesù – Gesù – Il loro Modello Unico*. Lo scrive di suo pugno in una calligrafia precisa e con inchiostro rosso e nero su un foglio protocollo, sotto forma di tabella suddivisa in quadri e colonne. Vi traccia, in una sintesi di grande efficacia, l'ideale evangelico che prospetta per la Fraternità e per ogni futura piccola sorella, un ideale tutto centrato sul mistero dell'Incarnazione, che include e sfocia nel mistero della Redenzione. Ogni passo è scandito, come un ritornello, dall'espressione *Come Gesù*: *Come Gesù* incarnato, *Come Gesù* bimbo, *Come Gesù* operaio, *Come Gesù* apostolo, *Come Gesù* Amore, *Come Gesù* Redentore.

Risalta dunque il mistero del Dio di Gesù di Nazaret, del Dio che si fa *carne*: bestemmia per il musulmano, evento di salvez-

---

[4] Montato da lei stessa con spezzoni di pellicola raccordati da disegni e scritte fatti da lei stessa a inchiostro di china su 352 cartoncini recuperati da scatoloni da imballaggio. Questi cartoncini si trovano ancora negli Archivi, mentre la pellicola fu distrutta dall'uso e ne furono ricavate solo delle foto staccate.

za per il cristiano. Magdeleine lo contempla, lo adora, lo vive appassionatamente e le parole del Vangelo che richiama a ogni passo, sono quelle che lei stessa incarna e quelle che vuole che le sue figlie vivano, perché sono i fondamenti stessi della Fraternità: fondamenti esclusivamente cristologici. L'ultima parola che evoca, come nel Bollettino, è Gv 15,15:

Non c'è amore più grande di dare la propria vita per chi si ama.[5]

Una copia di questo foglio, porta sul retro un appunto autografo, che indica come essa fosse stata inviata in lettura a padre Voillaume. L'appunto è senza data, ma che sia di quel settembre 1941 o più tardivo, dimostra in ogni caso come il contenuto fosse frutto personale di p.s. Magdeleine, senza suggerimenti esterni. La conferma viene dal fatto che gli stessi riferimenti e gli stessi accenti si ritroveranno tali e quali in scritti successivi, ogni volta che p.s. Magdeleine sarà chiamata a riassumere la forma di vita della Fraternità, raccogliendo e prolungando il messaggio di fratel Charles di Gesù.

Fino al 1944, p.s. Magdeleine continua a girare per la Francia nonostante i pericoli della guerra, e nelle sue lettere-diario quasi giornaliere alle novizie del Tubet, comincia a sottolineare occasionalmente alcuni principi. Il primo è quello di essere *umane* prima di essere cristiane e *cristiane* prima di essere religiose. Fin d'ora ha coscienza della novità delle sue affermazioni, che prospettano una forma innovativa di vita religiosa. Quello che scrive però non è prima di tutto pensato, è ciò che scaturisce dalla sua esperienza di tutti i giorni, dai piccoli o grandi avvenimenti,

---

[5] Una copia di questo foglio sarà inviata a tutte le fraternità prima del 1949 (cf. Diario, 8 gennaio 1960, quando lo rilegge alle piccole sorelle riunite).

FRATERNITÉ des Petites Soeurs de JÉSUS

JÉSUS
Leur MODÈLE UNIQUE

Comme JÉSUS, Incarné dans une RACE HUMAINE
Levain dans la PÂTE

Être intimement MÊLÉES à la masse humaine par le fait même de leur Consécration religieuse	Se faire TOUTES à Tous Réglés au milieu des Réglés Nomades au milieu des Nomades et avant tout

HUMAINES au milieu des HUMAINS

"Et le Verbe s'est fait CHAIR - et Il a habité parmi nous" (St Jean I,14)

Comme JÉSUS, tout petit Enfant dans les abaissements de la CRÈCHE
Abandonné à la Volonté du Père

Dans la joyeuse simplicité de l'ENFANCE SPIRITUELLE	Dans la "joie parfaite" de la DERNIÈRE PLACE

"Me voici ô Père - Je viens pour faire Votre Volonté" (à 39,9)

Comme JÉSUS, Ouvrier dans l'humble ATELIER de NAZARETH
en ESPRIT DE SERVICE

Gagner péniblement au jour le jour son PAIN QUOTIDIEN	VIVRE humblement du TRAVAIL des MAINS en lui reconnaissant toute sa noblesse

"Je ne suis pas venu pour être servi, mais pour servir" (Marc 6,25)

Comme JÉSUS, Apôtre sur les routes et au milieu de la foule
Rayonnant toute la plénitude de sa Contemplation

Vouloir crier l'ÉVANGILE par toute sa Vie	Garder une Foi invincible malgré les apparences d'échecs

"Sans Moi, vous ne pouvez rien faire" (St Jean 15,5)

Comme JÉSUS, Amour dans sa manifestation au monde
Réalisation de l'AMOUR FRATERNEL

Dans la CHARITÉ placée au dessus de toutes les règles	Dans un idéal d'AMITIÉ humaine et de FRATERNITÉ chrétienne

"C'est à cela qu'on reconnaîtra que vous êtes mes disciples" (St Jean 13,35)

Comme JÉSUS Rédempteur, sur le Chemin du Calvaire
Offrant toute Sa Vie à l'IMMOLATION

Dans les renoncements d'une vocation de DÉFRICHEUSES	Dans le dépouillement de la pauvreté totale et de l'ABJECTION	Dans le sacrifice sanglant de la CROIX

"Il n'y a pas de plus grand amour au monde que de donner sa Vie pour ceux qu'on aime"

letti un po' come *segni dei tempi*, come si dirà più tardi, alla luce di Gesù di Nazaret e del Vangelo, e secondo la forma vissuta da fratel Charles. Ed è appunto qui che s'inserisce l'esigenza del farsi *umane e cristiane*:

> Mie Piccole Sorelle, prima di essere religiose, siate cristiane. Abbiate le virtù semplicemente umane di ospitalità e di carità, al grado più elevato. E soltanto dopo, aggiungete le virtù della vita religiosa. […] Vi lamenterete qualche volta, ma vi amo troppo per non volere che viviate la vostra vita religiosa in un dono totale. Se restiamo otto o dieci, poco importa! […] (15 luglio 1942). Siamo fatte per mescolarci alla folla, come Gesù sulle strade di Galilea: pigiato, spinto da tutte le parti, serbava la pace, e intanto accarezzava i bimbi, risollevava i poveri peccatori, consolava gli afflitti, guariva i malati… […] Prima del silenzio del ritiro, c'è il grande comandamento della carità. Di grazia, siate cristiane e umane prima di essere religiose… (22 luglio 1942).

Tra le *virtù umane* che considera importanti, c'è quella dell'*ospitalità*:

> Da noi, i viaggiatori, gli ospiti, siano trattati con la più immensa carità. È la regola di fratel Charles di Gesù. […] E poi, è così conforme all'ospitalità degli Arabi: danno tutto quello che hanno, loro… Formatevi a diventare anime generose, senza niente di piccino, di stretto, di meschino. Il grande vento del Sahara spazzi via tutto quello che non è nella linea del nostro caro piccolo fratello Charles di Gesù (18 giugno 1942).
> Siate sempre più accoglienti, ospitali. I laici escano da casa nostra col cuore tutto riscaldato dalla vostra bontà sorridente. Non abbiate niente di austero… Sbagliereste strada dandovi arie di austerità che, da noi, sarebbero del tutto fuori posto. Gesù, sulle strade di Ga-

lilea, era tutto sorridente, mite, tenero. Se non ci siete ancora arrivate, ve lo insegnerà il noviziato perché non potreste essere vere piccole sorelle senza un dono totale del vostro essere (18 luglio 1942).

Un giorno, dopo una conferenza in un sanatorio, p.s. Magdeleine vede la sua tavola apparecchiata da parte, perché rimanga da sola, in quanto *religiosa*:

Aveva creduto di far bene, la superiora, non sapendo che la nostra vocazione è di essere un lievito mescolato alla pasta!... (24 luglio1942).

Questo simbolo evangelico diventa d'ora in poi la metafora della vocazione della Fraternità, vissuta in contatto stretto con la condizione umana più comune perché si trasformi dal di dentro. In verità, in questo periodo così denso, è lei per prima a farsi *lievito* per le sue figlie, a far sì che fermentino in loro i tratti essenziali di quella che è già la *sua* spiritualità vissuta. Per questo condivide tutti i suoi pensieri e intuizioni.

Sempre percorrendo le *strade di Galilea*, scaturiscono così in p.s. Magdeleine le intuizioni fondanti della Fraternità, che col tempo riprenderà, chiarirà e fisserà in modo meno frammentario e occasionale. Tra le *virtù umane*, quelle su cui mette l'accento, come la calma, la padronanza di sé, l'ospitalità, la disposizione ad accettare gli avvenimenti e a trovarne il senso, come fanno i musulmani. Sono in realtà le *sue* virtù personali, le virtù che ha maturato in anni di attesa e di sofferenza, ma anche nell'incontro con i poveri di Boghari e di Touggourt.

Tra queste spicca la *volontà umana*, virtù che, come le altre, osserva, è dono di Dio ma si rafforza con l'esercizio, proprio come si fa con i *muscoli* (1 marzo 1944) ... Lo riafferma da autentica *madre*, il cui compito non è quello di distruggere le personalità, ma «di unificare tutte le vostre ricchezze, tutto quello che ognuna porta di quanto il buon Dio le ha prodigato» (1 ottobre 1942).

Nel 1943, nel suo primo breve *Historique*, definisce con chiarezza la sua vocazione e spiritualità: non di claustrale, ma di «contemplative molto mischiate al mondo musulmano» contemplative per portargli «l'unico soccorso: Gesù, che vive e agisce attraverso me».

E intanto, sempre nel 1943, lungo il cammino, continua a scrivere alle sorelle quello che le sta più a cuore:

> Ho ancora otto chilometri nelle gambe. Durante questi otto chilometri, però, pensavo che se un giorno scrivessi tutto ciò che ho nel cuore, vorrei lasciare alle mie figlie il mio grande ideale di santità umana. Vorrei fissare i loro occhi e il loro cuore sulla vita così semplice di Gesù. Vorrei levare loro, per sempre, le illusioni di cercare lo straordinario, se non ciò che è straordinariamente semplice, là dove non ci può essere ricerca di sé, perché non c'è niente che colpisca l'immaginazione. E poi su questo umano, bisognerà innestarci l'amore divino... un amore senza misura... non un amore che sia godimento, ma un amore che sia dono di sé dimenticando la propria gioia (30 novembre 1943).

Nel 1944, durante il viaggio avventuroso che la porta, con mezzi militari, dalla Francia in Algeria, dall'Algeria a Roma, grazie a mons. Mercier, nuovo prefetto apostolico del Sahara, riprende i contatti con padre Voillaume, che mons. Nouet aveva proibito per verificare se fosse riuscita ad avanzare da sola. Nel ritiro che fa a El Abiodh dal 1° al 12 novembre 1944, i due non solo riprendono contatto, ma s'influenzano a vicenda per i progetti futuri e per come seguire più da vicino Charles de Foucauld: cos'è Nazaret? come vivere la povertà? come mantenersi? che tipo di lavoro?

Quando poi arriva a Roma, nella prima lettera al papa, datata 14 dicembre 1944 e inviata attraverso mons. Callori, zio della superiora delle Religiose del Sacro Cuore di Trinità dei Monti, di nuovo parla del *lievito nella pasta*:

Essere in ogni ambiente... il lievito che si perde nella pasta per farla lievitare. Farsi arabe in mezzo agli arabi, nomadi in mezzo ai nomadi, prendere la loro lingua, anche tra di noi, anche per pregare; prendere i loro costumi, fino alla loro mentalità, conquistarli con l'amicizia, con l'amore, mettendo la carità al di sopra di tutte le regole; spalancare le porte alle vocazioni locali con l'idea, non solo di non trattarle come inferiori, ma di mettersi al loro servizio, rispettando profondamente la loro razza; dare la propria vita per la redenzione dell'Islam.

Ripassando dall'Algeria dopo Roma, il 24 gennaio 1945, p.s. Magdeleine scrive a padre Voillaume una lettera importante, sincera, dove rivela il suo sogno di vita religiosa così diversa da quella che conosce:

Non posso dare la gioia ai miei amici di Tuggurt di passare qualche giorno in mezzo a loro aspettando la nave. Sono obbligata di rinchiudermi qui a Rivet perché, da qualche parte, tra le anime consacrate all'amore, ce ne sono alcune che non mi amano – o che almeno mancano di bontà, d'indulgenza. Qui, a Rivet, sento parlare con durezza degli uni e degli altri, e poi dappertutto è la guerra... e che guerra! E i gemiti del Signore risuonano in me con un tale dolore, soprattutto da quando sono stata a Roma e ho sentito tutta la sofferenza del Santo Padre.
Come può consolarmi? – Dicendomi ciò che Gesù mi dice – di consacrarmi per riparare – di guadagnare le anime all'amore.
Padre, è il nostro ruolo con il nostro Padre de Foucauld – Jesus

Caritas – Ci dobbiamo coalizzare per fare una grande campagna d'amore. Dovrebbe predicare l'amore nelle sue lettere, nel suo bollettino, ai suoi piccoli fratelli… – Abbia anche lei alla base della vostra formazione: la Carità al di sopra di tutte le regole – la Carità con la C maiuscola, dunque l'Amore – non le piccole pratiche di carità, non la "lettera" che farebbe giudicare, ma lo "spirito"…

A costo di farmi condannare come rivoluzionaria, lo predicherò dappertutto, ora che, a parte qualche eccezione, sono accettata da tutte le congregazioni.

Le assicuro, padre, che è desolante la formazione che si dà a volte dove viene demolito tutto l'umano… e l'umano è opera di Dio. Non si guarda al fatto che il Modello Unico si è fatto meravigliosamente umano e si è creata una perfezione religiosa fittizia. In certi noviziati, si passano ore a studiare in tutte le minuzie le più piccole infrazioni ai voti, alla "modestia religiosa"… insistendo sull'educazione esterna degli occhi, del contegno… mentre dell'Amore non si parla quasi mai. Non si dice che è una colpa grave non amare i fratelli e si fa un affare di stato dell'essersi serviti di un ago senza permesso… Sempre lo stesso errore che "filtra il moscerino e ingoia il cammello" (Mt 23,24).

Padre, non creda che esageri…

Ed è per questo che la supplico di non lasciar perdere una sola briciola del tesoro d'amore consegnatoci da fratel Charles di Gesù. Quando dice, per esempio: "Lasciatevi spogliare senza difendervi", non è da prendersi alla lettera, perché in certi casi ci sarà più amore a difendersi che a lasciarsi spogliare. Ma questa frase tanto cara ai vostri piccoli fratelli raccolta con amore perché viene dal loro Padre, deve essere durante tutta la loro vita un soffio vitale, una luce. È per questo che lo spirito di fratel Charles va trattato con un'estrema delicatezza, mettendo molta indulgenza nell'esaminare frasi la cui espressione ha dovuto più di una volta tradire il suo pensiero.

Due punti su cui mettere l'accento leggendo questa lettera: *la carità al di sopra di tutte le regole* e l'umanità, la *dignità* dell'essere umano da rispettare. Ma questa dignità, come ripeterà più volte, non è la supposta "dignità religiosa" che, per esempio, faceva gridare allo scandalo i religiosi e religiose che vedevano le sorelle viaggiare con gli zaini, camminare a piedi nudi, viaggiare in Algeria nella terza classe dei treni in mezzo agli Arabi, mentre gli europei andavano nelle classi superiori. Non era neppure, più tardi, nei paesi africani, fare tutti i tipi di lavoro, senza ricorrere ai cosiddetti *boys*; alla messa, mescolarsi con gli Africani per la comunione senza mettersi in prima fila; fondare, negli anni '50, il primo noviziato misto africane-bianche... E tutto questo non era per p.s. Magdeleine solo una scelta sociologica, ma anche e soprattutto una scelta evangelica, era l'essere fedeli a Gesù di Nazaret, a Nazaret e a Charles de Foucauld che aveva aperto la strada...

Prima di arrivare al Bollettino Verde, bisogna ricordare il progetto del primo Bollettino, intitolato *Sous l'égide de Notre-Dame des Nomades*. Era nato il 1° dicembre 1944 ad Algeri, ma era stato redatto a Roma, la notte di Natale, nell'attesa della celebrazione in S. Pietro. Di qui la dedica a Sua Santità «per la sua paterna accoglienza del 19 dicembre 1944». Il Bollettino, che avrebbe collegato amici e benefattori con una cadenza trimestrale, portava in copertina l'immagine di *Notre-Dame des Nomades*. In quanto trimestrale, era già previsto il secondo numero, e in questo, alle notizie p.s. Magdeleine avrebbe aggiunto una presentazione dello spirito della Fraternità, con lo scopo dichiarato di far "propaganda". Ormai in Francia, prima di ripartire nel Sahara, il 10 settembre 1945 annuncia perciò alle sorelle del Tubet che redigerà il secondo Bollettino, dove illustrerà i tratti principali della Fraternità. Tutte le mattine si chiuderà nello studio per scrivere un capitolo, poi la sera lo leggerà davanti a loro e l'indomani mattina presto, dopo aver tutte pregato e riflettuto, ne discuteranno insieme.

Così avviene. Scrive di getto, perché ha già tutto in mente. Nel capitolo centrale, intitolato *Il lievito nella pasta,* spiega la caratteristica principale della nuova forma di vita religiosa: *non separata dal mondo ma immersa nella massa*[6]. Fin dal primo abbozzo del Bollettino, riconosce effettivamente in Gesù, Verbo incarnato, il vero «fermento divino nella pasta umana»: è come Lui e con Lui che le piccole sorelle si faranno *tutte a tutti.* Non è la prima volta, si è visto, che parla dell'essere *lievito.* Del resto quest'espressione compariva già nell'introduzione delle Costituzioni del 1938-1939, dove poi riaffermava che la loro forma di apostolato era riassunta nella parabola del lievito nella pasta. Ma ora il riferimento evangelico è presentato in una centralità peculiare. Le testimonianze delle sorelle che si trovavano allora al Tubet sono concordi nel richiamare alla memoria la gioia e l'entusiasmo con cui si ritrovavano ogni mattina, all'aperto, a far domande e a dare il loro contributo a quel testo che, completato e rivisto nel linguaggio (anche passando dal *voi* al *tu*), nel 1952 diventerà, a causa del colore della copertina, il *Bollettino Verde.*

Racconta una sorella presente: *desiderava così tanto che ognuna potesse esprimere il proprio pensiero con la massima libertà e semplicità. Ci rivedo ancora la mattina presto, vicino al "belvedere" sedute sul banco di pietra o per terra…*

P.s. Magdeleine lo firma il 3 ottobre 1945, memoria di Santa Teresa del Bambino Gesù, «la piccola santa dell'Amore»[7], come

---

[6]   Più tardi, al momento della pubblicazione del libro di Voillaume, *Au coeur des masses*, p.s. Magdeleine preciserà che intende *massa* come *pasta* in senso evangelico, non come insieme anonimo.

[7]   Fino alla riforma liturgica di Paolo VI del 1969, nel messale tridentino la memoria di Teresa di Lisieux si celebrava il 3 ottobre. Dopo questi primi due bollettini riservati agli amici, non ce ne furono altri, perché, da quando cominciarono ad occuparsene i Piccoli Fratelli, fu deciso di far confluire anche le notizie delle Piccole Sorelle di Gesù nell'unico Bollettino dell'*Association Charles de Foucauld.*

sottolinea volutamente nel firmarlo. Lo manda a leggere, come vedremo, a padre Voillaume e l'8 dicembre, quando è ormai a Touggourt, gliene riparla più apertamente. Poiché il secondo Bollettino sarà anche l'ultimo, essendo destinato a confluire nel Notiziario di tutta «l'Associazione de Foucauld», ne approfitta, spiega, «per farne un bollettino di propaganda, con la mia presentazione delle piccole sorelle e le caratteristiche della loro vocazione».

È l'ultimo suo lavoro e scrive a Voillaume:

> Ho provato a rielaborarlo un po', a causa del 'lievito nella pasta' che rischia di sollevare proteste. Mi sollecitano molto a diffonderlo. Mgr. Poggi stesso (vicario generale di Algeri) me ne ha chiesto una copia per utilizzarla. Cosa rischio? Non più dell'autore del libro "France – Pays de mission". Ci saranno grandi sostenitori e nemici, avrò avuto l'imprimatur del vescovado di Aix, manderò il numero a Roma, come per il primo, e se mi fanno fare macchina indietro, sono pronta a farla (8 dicembre 1945).

P.s. Magdeleine è insomma pienamente consapevole dell'impatto che può provocare. Il quadro d'insieme è articolato in vari capitoli:

I. Consacrazione all'immolazione per la redenzione dell'Islam.
II. Nello spogliamento della povertà totale.
    La ricerca dell'ultimo posto e l'amore dell'abiezione.
III. L'apostolato dell'ambiente con l'ambiente.
    Il lievito nella pasta.
IV. La vita contemplativa.
V. Jesus-Caritas – Gesù-Amore.

Il capitolo centrale, il terzo, si presenta con un tono particolarmente solenne, dato il sottotitolo: *Questo è il mio testamento.*

Questo terzo capitolo, che in seguito s'intitolerà soltanto *Il lievito nella pasta*. *Questo è il mio testamento*, senza parlare di *apostolato dell'ambiente con l'ambiente*, si propone come un vero e proprio *manifesto*: il manifesto di una nuova concezione della vita religiosa. È così che si è espresso Michel Lafon (1922), evocando i tempi in cui lo lesse da seminarista. Ciò che impressiona i primi lettori è lo stile personale, il fatto cioè di interpellare le future sorelle in un linguaggio diretto. Ma colpisce ancora di più il tono autorevole. Non a caso p.s. Magdeleine aveva detto al padre che l'aveva scritto «con il Signore» (3 ottobre 1945). In questo senso p.s. Marguerite, nella sua testimonianza, paragona il testo a una specie di *Discorso della montagna*: «Vi hanno detto... io vi dico...».

P.s. Magdeleine vi riprendeva idee e formulazioni già espresse in modo frammentario e sparso, esponendole ora in forma più sistematica, ma con un tono colloquiale, eloquente ed efficace, oltre che segnato da autenticità. La novità proposta da p.s. Magdeleine non stava tanto nella formula «apostolato dell'ambiente con l'ambiente – il lievito nella pasta», ma nel fatto di applicarla alla vita religiosa.

> Non crederti obbligata, per salvaguardare la tua dignità religiosa e la tua vita di intimità con Dio da ogni pericolo esterno, di mettere una barriera tra te e il mondo laico. Fatti tutta a tutti, araba in mezzo agli arabi, nomade in mezzo ai nomadi, ma soprattutto e prima di tutto umana in mezzo agli esseri umani. [...]
> Oso dirti ancora: Prima di essere religiosa, sii umana e cristiana, in tutta la forza e la bellezza del termine.

Come Charles de Foucauld[8], p.s. Magdeleine non s'inganna-

---

[8]   Fratel Charles si richiamava a Paolo come modello di evangelizzazione, proprio riferendosi a questo testo, sentendosi chiamato non a predicare ma a

va nel parafrasare le parole di Paolo in 1Cor 9,22 («Mi sono fatto
debole con i deboli…, mi sono fatto tutto a tutti…») e nel riferirle
al mistero dell'Incarnazione: «e se Dio si è incarnato, non è essenzialmente per servirci da Modello?».

È su questo fondamento che presentava le sue antitesi: «Ti si
parlerà di… ti si consiglierà di… ti si dirà che… e io ho l'audacia di
dirti…». In risposta a tutte le obiezioni, ribadiva il suo grande principio: «Mettere sempre la carità al di sopra di tutte le regole per
farne la regola suprema, il primo e il più grande comandamento di
Gesù». A partire dallo stesso fondamento evangelico e cristologico,
p.s. Magdeleine esortava: «siate molto semplicemente umane…».

Nell'ultimo capitolo, dedicato alla *vita contemplativa*, per la
prima volta usava l'espressione che d'ora in poi definirà la vocazione delle piccole sorelle di Gesù

> Contemplative in mezzo al mondo
> perché guardano al modello divino, Gesù,
> il Contemplativo per eccellenza.

Qui si vede la maturità raggiunta dalla Serva di Dio nell'e-
sprimere in piena consapevolezza la proposta innovativa della
sua Fraternità, senz'altro in anticipo rispetto a René Voillaume e
ai suoi scritti[9]. Non a caso parla di *Testamento*. Il riferimento con-
clusivo era dedicato a «notre Père, Charles de Jésus»:

«farsi tutto a tutti», a farsi «esempio di vita evangelica» o meglio a «gridare
con la vita il Vangelo sui tetti» (cf., tra l'altro, *La vita nascosta*, Roma 1974, 215
e 220; *Solitudine con Dio*, Roma 1975, 83).

[9] Cf. José María Recondo, *Le chemin de la prière chez René Voillaume*, Lethiel-
leux, 2010, 60-97, dove la novità della forma di vita contemplativa nel mondo, sia pur associandovi p.s. Magdeleine, è attribuita primariamente a Voillaume, proprio in riferimento ai suoi scritti, tutti successivi al *Bollettino verde*
di p.s. Magdeleine.

Le fraternità saranno, come egli lo desiderava, dei focolari di preghiera e di ospitalità, da dove si irradia un tale amore che la comunità ne sia rischiarata e riscaldata, una piccola famiglia che imita così perfettamente le virtù di Gesù che chi abita nei dintorni incomincerà da amare Gesù.

Questo secondo bollettino, intitolato come il primo *Sous l'égide de Notre Dame des Nomades*, per quanto fosse riservato a una cerchia relativamente ristretta di amici e conoscenti, una volta stampato e inviato era evidente che avrebbe potuto avere più vasta diffusione[10]. In più di questo, la fondatrice aveva fatto leggere il dattiloscritto a preti e religiosi di sua conoscenza per averne un parere. Quando ne riparlerà o scriverà più tardi, insisterà nel dire che era strettamente riservato alle piccole sorelle presenti e future. In realtà, solo per la redazione finale, col testo riveduto, corretto e ampliato, ossia per il vero e proprio Bollettino Verde del 1952, prenderà tutte le precauzioni, riservandolo come documento interno, da far leggere soltanto alle piccole sorelle e alle aspiranti.

P.s. Magdeleine, si è detto, aveva già cominciato a rimaneggiare il Bollettino in vista di una più larga diffusione, e quando ne rimanda una bozza a padre Voillaume l'8 dicembre 1945, gli confessa già che è ben consapevole di rischiare entusiasmi e condanne, proprio come era avvenuto per *France, pays de mission?* In ogni caso ha chiesto l'*imprimatur* alla diocesi di Aix, pensando anche di inviare il testo a Roma come il precedente, pronta a far marcia indietro, se glielo chiederanno.

Ma le pagine centrali, quelle più direttamente programmatiche e caratteristiche, quelle sul lievito nella pasta, mentre p.s.

---

[10] Anche le sorelle presenti al Tubet nel settembre-ottobre 1945, lo ricordano come un testo interno, ma all'origine non era così.

Magdeleine si trovava in Algeria, erano state passate a padre Prosper Monier s.j., il quale, entusiasta, le aveva trasmesse ad altri, anche nel Seminario della *Mission de France*, finché, di mano in mano, avevano raggiunto la scrivania di p. Henry o.p., direttore della rivista *La Vie spirituelle*, della casa editrice Cerf di Parigi. P.s. Magdeleine sa soltanto della diffusione più ampia del previsto, quando il 30 gennaio 1946 scrive a padre Voillaume da Sidi-Boujnan, incoraggiandolo a rappresentare ufficialmente de Foucauld:

> Se sapesse fino a che punto «il mio testamento: il lievito nella pasta» ha delle ripercussioni. Cerco di sparire, ma in tutti gli ambienti religiosi se ne parla e ci sono più approvazioni che critiche. Inizialmente si è diffuso mio malgrado e ora, cambiando qualche frase e con l'approvazione di Mgr. Monnier l'ho fatto stampare (30 dicembre 1945).

Una volta saputo che ha già l'*imprimatur*, padre Henry non esita a mettere in programma la sua pubblicazione nella rivista del mese di aprile, senza l'accordo preventivo della fondatrice. Appena ne è informata, p.s. Magdeleine, per impedirlo, invia due successivi telegrammi a padre Henry, ma senza risultato. Non si tratta più di diffusione spontanea, ma di una rivista prestigiosa: è una grossa responsabilità. Scrive il 20 marzo a p.s. Mathilde:

> Ho mandato un secondo telegramma al P. Henry cercando di fermare la pubblicazione del testamento. Avevo sentito delle reazioni profonde. I Domenicani hanno la reputazione di essere alla caccia di tutto quello che è un po' al limite e ho paura che ciò comprometta la nostra opera a Roma. Vediamo prima cosa sarà il risultato del bollettino. Vorrei che appena apparirà, lei lo porti a Mgr. De Provenchères perché possa giudicare tutto in quanto 'fondatore e

padre'. Bisognerà consultarlo in tutto (20 marzo 1946).

Il testo appare dunque, non firmato, con il titolo di "Il lievito nella pasta", preceduto da una breve presentazione delle «piccole sorelle nomadi del P. de Foucauld» che vivono una «vita contemplativa in mezzo ai nomadi musulmani del deserto» e dà questa spiegazione:

Prima di raggiungere il suo posto sahariano, la superiora e fondatrice lascia alle sue piccole sorelle questa specie di testamento. Queste pagine hanno avuto l'approvazione dell'autorità ecclesiastica per essere pubblicate nel bollettino delle piccole sorelle. Siamo lontani dal pensare che queste direttive, adatte a una vocazione molto particolare, potrebbero accordarsi senza discernimento ad ogni vita religiosa, ma abbiamo pensato che potrebbero interessare i nostri lettori, ed è per questo che abbiamo chiesto l'autorizzazione di pubblicarle[11].

In verità, l'autorizzazione non c'era. In ogni caso, mentre si trova a Tunisi, ospite con le sorelle studenti delle Suore di Notre Dame de Sion, il 17 aprile, mercoledì santo, la superiora comunica a p.s. Magdeleine di aver letto il suo scritto: la rivista è già arrivata (17 aprile 1946), con acclusa una lettera di padre Henry indirizzata a p.s. Magdeleine:

Sorella. Probabilmente ha già ricevuto la nostra Vita Spirituale del mese di Aprile, in cui abbiamo inserito il suo articolo. Me ne voglio scusare senza tardare, ringraziandola delle lettere e dei telegrammi che mi ha così gentilmente inviati, rapidamente, per

---

[11] *La Vie spirituelle*, n. 306, avril 1946, 537.

esprimermi i suoi desideri. Sono confuso per tutto questo e per finire, anche di avere pubblicato l'articolo senza il suo consenso. Quando però, ho ricevuto il suo telegramma (non ho ancora ricevuto la lettera che annunciava), il suo articolo era già completato e pure il numero della Vita Spirituale e stavamo andando in stampa. Ritirare il suo articolo ci avrebbe creato molte difficoltà. Per questo ci siamo accontentati del cappello che avevamo già messo e non credo che l'articolo, così come è, le potrà creare noie. Da parte nostra, padre Plé ed io, lo troviamo molto bello ed eravamo veramente entusiasti di pubblicarlo. Credo che susciterà simili impressioni in molti, e assumeremo su di noi, cioè lei potrà rinviare alla nostra responsabilità coloro che avessero qualcosa da ridire su questa pubblicazione (13 aprile 1946).

Informandone padre Voillaume, p.s. Magdeleine si dice pronta davanti al Signore «ad incassare tutto» (17 aprile 1946). Teme la reazione di mons. de Provenchères, ma da una risposta a p.s. Mathilde, sente che l'arcivescovo è stato comprensivo:

Temevo tanto che ne fosse scontento e mi sarebbe costato più di qualsiasi altra disapprovazione perché per me egli rappresenta direttamente la Chiesa (il Buon Dio).
Sono pronta a soffrire il più dolorosamente possibile, ma quello che non posso sopportare è il pensiero che, a causa mia, ci siano eventualmente mancanze d'amore e che ci si serva di questo scritto per condannare con asprezza l'una o l'altra formula di vita religiosa antica, mentre ci vorrebbe una tale delicatezza per cercare di trasformare poco a poco le cose. Questo pensiero è per me una croce pesante (25 aprile 1946).

Nel mese di giugno, a Lione, p.s. Magdeleine si ferma a parlare in arcivescovado con uno dei prelati della curia e la conversazione cade sull'articolo de *La Vie spirituelle*. Sembra che i giovani preti e religiosi prendano a pretesto il suo scritto per fare a meno della veste o per fare vita mondana. È inutile che spieghi che il "suo" lievito non dà spazio a simili interpretazioni. Il cardinale poi riceve p.s. Magdeleine mostrandosi piuttosto infastidito, si dilunga sui torti della rivista e insiste perché venga pubblicata la parte mancante del testo con una rettifica da parte dell'autrice. Deplora soprattutto l'espressione «obbedire intelligentemente», dicendo che era stato interpretato come «obbedire agli ordini intelligenti» e pensa che si dovrebbe spiegare (14 giugno 1946)... Non contento delle osservazioni e dei rimproveri, il cardinale la informa di averne parlato ai cardinali Suhard e Liénart... Spaventata, p.s. Magdeleine chiede aiuto a padre Voillaume, perché sia lui a far da mediatore per stemperare le polemiche. Teme che le voci arrivino a Roma e ostacolino la domanda di erezione canonica. Ora non mostra più distacco. È toccata sul vivo.

Mons. de Provenchères (che pur conosce la piccola sorella da pochi mesi) le scrive, usando tutt'altri toni rispetto al card. Gerlier.

Rimpiangevo la pubblicazione ne *La vie spirituelle* – spiega – perché non mi sembrava opportuno mettere il lievito nella pasta alla portata di tutti. Non si inquieti affatto per questo! È il Buon Dio che ha permesso tutto. Lo dica alla Vergine che è incaricata di evitare ogni inconveniente. Il tono un po' troppo personale, andava bene da parte di una mamma alle sue figlie. Avrei preferito qualche cosa di più mitigato per essere pubblicato. Ma soprattutto, non ci pensi più...
Mi sembra che lo spirito della sua piccola congregazione sia molto buono, voluto dal Signore, ben adattato al tempo presente. La approvo completamente (1 giugno 1946).

Quanto a padre Henry, rispondendo a una lettera di p.s. Magdeleine, si scusa dei problemi che le ha provocato, ma l'assicura dei commenti entusiasti che ha ricevuto:

> Voglio ancora dirle quanto sia confuso di essere stato la causa di tanti fastidi a proposito del piccolo articolo che, in fin dei conti, le ho strappato. Me ne scuso vivamente, nello stesso tempo però, aggiungo anche che ho sentito degli apprezzamenti davvero entusiasti. Come ogni cosa buona, esso suscita dunque molto ardore e penso che in fin dei conti, ne uscirà molto bene... È ben volentieri che ora pubblicheremo, come risarcimento, questa parte sulla povertà e anche ciò che precede, per dare un'idea dell'insieme di ciò che lei scrive alle sue Sorelle. Le invierò prossimamente il testo perché lei stessa lo possa giudicare (9 giugno 1946).

In effetti, le parti omesse saranno pubblicate nel n. 312 della rivista, nel novembre 1946, inserite nella rubrica "Les hommes et les œuvres de Dieu" dedicata a Charles de Foucauld, che comprenderà anche un articolo di Madeleine Delbrêl, "Pourquoi nous aimons le Père de Foucauld", e un altro di padre Voillaume, "Les Fraterntités du Père de Foucauld"[12].

Ma intanto il testo deve già cambiare, perché è avvenuto il salto, nell'intuizione di p.s. Magdeleine, da una Fraternità consacrata esclusivamente all'Islam, a una Fraternità aperta al mondo intero. Così, accanto a araba in mezzo gli arabi, nomade in mezzo ai nomadi, comincerà ad aggiungere *operaia in mezzo agli operai, ma prima di tutto umana in mezzo agli esseri umani.*

---

[12] L'articolo della Delbrêl si trova alle pagine 537-549, quello di padre Voillaume alle pagine 550-558, il resto del documento di p.s. Magdeleine alle pagine 559-567.

Avendo ricevuto il primo Bollettino, mons. Montini risponde a p.s. Magdeleine:

Dal Vaticano, il 19 agosto 1946. Sono molto toccato dalla semplicità fiduciosa con cui lei ha voluto esprimere la sua sollecitudine, ispirata dall'amore per Nostro Signore e per gli uomini.

Sulla via dell'obbedienza e dell'umiltà su cui lei e le sue figlie vi volete impegnare, il Buon Dio non mancherà di darvi la sua luce e il suo sostegno. Quanto a me, sarà un piacevole dovere trasmettere la vostra rivista a Sua Santità, che le rinnova la sua paterna benedizione (21 agosto 1946)

C'è un altro punto da segnalare del Bollettino Verde, è quello in cui p.s. Magdeleine scrive così:

Dovrai cercare sulla carta del mondo, se non vi sia, in un piccolo angolo nascosto, un pugno di esseri umani che non interessa nessuno, proprio perché è solo un pugno disseminato talvolta su una larga superficie e inaccessibile ad altre forme di apostolato.

È un punto su cui p.s. Magdeleine tornerà spesso, sottolineando il fatto che quel *pugno di esseri umani* non sono una massa anonima, ma delle persone da conoscere una per una per nome... come i suoi amici di Touggourt... E li cercherà davvero in tutte le parti del mondo...

Il Bollettino Verde nasce e ha la grande ripercussione che si è visto, nel momento in cui i due fondatori stabiliscono la massima vicinanza, perché Voillaume dall'aprile 1946 è diventato direttore spirituale di p.s. Magdeleine e, dal 1° novembre dello stesso anno, accoglie lei e le sorelle per la "prima sessione di El Abiodh".

Alcune parole difficili

A leggere il Bollettino Verde, le prime parole "difficili" ci vengono incontro col titolo del secondo capitolo: "Ti offrirai all'*immolazione* con la *consacrazione* della tua vita per la *redenzione* dell'*Islam* e del *mondo intero*". Non sono le uniche parole "difficili". Incontriamo anche *abiezione* e altri termini o espressioni lontane dalla nostra sensibilità (tratte, tra l'altro dalle *Costituzioni* in vigore prima del 1952, in seguito rivedute anche nel linguaggio).

Il linguaggio umano, si sa, non è un assoluto, proprio perché umano. Dio stesso ha parlato e continua a parlare «agli uomini, per mezzo degli uomini e alla maniera umana» (*DV* 12), passando attraverso sensibilità, storie, condizionamenti culturali diversi. La Bibbia, proprio per questo, ammette commenti e traduzioni, diversamente dal Corano, dal momento che i credenti dell'Islam lo considerano dettato direttamente da Dio e nella lingua araba del profeta Mohammed.

Nel capitolo del Bollettino Verde che ci interessa, p.s. Magdeleine, dopo una serie di citazioni esplicite tratte dagli scritti di fratel Charles, ne interpretava il messaggio e lo raccoglieva in quella formula di offerta estremamente sintetica. Oltre all'astrazione dei termini, colpisce l'uso di categorie oggi certamente non usuali. Ed è su queste che bisogna riflettere, per non rischiare di fraintendere o svuotare di senso parole che volevano esprimere una vita di fede. Bisogna tener conto del fatto che le categorie concettuali di cui p.s. Magdeleine disponeva (come del resto fratel Charles) erano quelle della teologia e della catechesi del loro tempo. Considerando in particolare le espressioni "ti offrirai", "immolazione", "redenzione" della formula citata, per comprenderle occorre riferirsi alle categorie "sacrificali" della Bibbia. Ora, pur se le troviamo presenti dalla Genesi fino all'Apocalisse, esse evolvono nel tempo e già nell'Antico Testamento non hanno gli stessi significati e accenti prima, durante e dopo l'Esilio, mentre trovano la pienezza di significato e il compimento in Gesù di Nazaret.

Proprio perché si tratta di espressioni per noi difficili, occorre rileggerle con attenzione ripartendo, sia pur sommariamente, dalle fonti bibliche e tenendo conto che anche il linguaggio più attuale resta sempre sottoposto al limite. E questo limite è tanto più grande quanto più si cerca di avvicinarsi all'inconoscibile, al "mistero di Dio, Cristo, nel quale sono nascosti tutti i tesori della sapienza e della conoscenza" (Col 2,2-3) e di proporre le esigenze di una vita centrata in Dio attraverso Cristo, in Cristo, in vista di Cristo.

Gli spunti che seguono non sono altro che un primo tentativo di riflessione. Occorrerebbero ben più grandi competenze storiche, bibliche, teologiche. Ma saranno utili se daranno avvio a ulteriori ricerche e approfondimenti, anche a partire dai riferimenti biblici, numerosi e pur sempre parziali.

Ti offrirai

«Siate santi perché io, JHWH vostro Dio, sono santo» proclama la cosiddetta *Legge di Santità* (Lv 19,2; 1Pt 1,16). Questo comando, ricorrente nel Levitico, esprime la fede d'Israele in un Dio totalmente *altro*, assolutamente *trascendente* rispetto alla sfera mondana, il quale però si fa vicino, comunica se stesso e la propria santità. Il Dio d'Israele è il Dio che *sceglie* il più piccolo dei popoli, prende l'iniziativa di stabilire con lui l'Alleanza e ne fa il suo testimone di fronte alle nazioni di tutta la terra. Mentre rimane *alterità* irriducibile e ineffabile, Dio cammina col suo popolo, gli manifesta la sua volontà, gli chiede obbedienza, lo benedice. Insomma Dio lo mette *a parte* e, facendogli superare il confine della dimensione mondana, o *profana*, lo vota a sé, lo eleva a sé, alla sua dimensione di *santità*, *separata* perché *altra*, *santa* perché *divina*. Così lo *santifica* (cf. Lv 21,8; Dt 7,6; 14,2.21; ecc.).

Tutti i popoli hanno espresso ed esprimono il contatto col divino attraverso la *mediazione* di qualcosa – gesti, persone, spazi e tempi – che diventa simbolo di quest'incontro. In questo senso il popolo di Dio, fin dall'Esodo, si esprimeva attraverso simboli e riti simili a quelli dei popoli vicini. Dava loro però significati nuovi, purificati dalla fede viva nel Dio Trascendente e Signore della storia e della vita. Gesti, persone, spazi e tempi sacri non costringevano il divino in qualche ambito particolare, ma servivano per segnalare il dono gratuito di Dio di farsi vicino e il loro desiderio di essergli fedeli, riconoscendo la sua signoria e sottomettendogli tutto. Se l'elezione da parte di Dio *santificava* in un certo senso tutta l'esistenza del popolo e del singolo credente, questi rispondevano al dono irrevocabile di Dio con simboli appropriati di santità, a cominciare dalla circoncisione fino ai diversi atti di culto, secondo prescrizioni precise.

Il Levitico presenta appunto un complesso sistema di atti cultuali, simboli e gesti "santi": le *offerte* e i *sacrifici* (cf. Lv nota al c.1; nota c. 4; Es 24,8. Limitandosi all'italiano, si noti che *"sacri-ficare"* deriva dal latino *sacrum-facere* e vuol dire *"fare cose sante"*).

Senza riproporre le molteplici prescrizioni del culto, basti ricordare il *sacrificio* più alto, l'*olocausto*, offerto al Tempio mattino e sera, oltre a varie altre occasioni. Nell'olocausto, in segno di dono irrevocabile e di *sacrificio perfetto*, un animale senza difetto veniva immolato, ossia sgozzato, svuotato del suo sangue e così privato della vita (il sangue è vita: cf. Lv 17,11-14) per essere consumato tutto intero nel fuoco e così salire a Dio in *"gradito odore"*. Le sue ceneri venivano infine portate *"fuori del campo"* (Lv 1,9; 6,1-6; Es 29,18; ecc.), là dove si bruciavano i resti degli altri sacrifici parziali.

Nonostante le somiglianze con i riti pagani dei popoli vicini e nonostante il pericolo sempre incombente dell'idolatria o del formalismo, la fede biblica sempre rinnovata nel Dio *Unico* e *Signore* di tutto, che non ha bisogno di niente e non può essere piegato da riti (sarebbe magia!) confessava che Dio *per primo* dona e perdona, perché è *fedele e ricco di misericordia* (cf. Es 34,6). Lui stesso reintegra nella sua Alleanza colui che con il *sacrificio d'espiazione* riconosce il suo debito o il suo peccato e vuole rientrare in comunione con Lui. La stessa Legge di Santità, terminato l'elenco dei sacrifici, sintetizza così il dono unilaterale di Dio al suo popolo: «Stabilirò la mia dimora in mezzo a voi e non vi respingerò. Camminerò in mezzo a voi, sarò vostro Dio e voi sarete il mio popolo. Io sono il Signore vostro Dio, che vi ho fatto uscire dal paese d'Egitto; ho spezzato il vostro giogo e vi ho fatto camminare a testa alta» (Lv 26,11-13).

I profeti denunceranno via via le varie degenerazioni e i fraintendimenti del culto e cercheranno di ricondurre il popolo alla fede radicale nel Dio Unico e Santo, il *Tre volte Santo* d'Isaia (Is 6,3), che vuole che il suo popolo viva: «Cercate me e vivrete», dirà Amos a nome di Dio (Am 5,4). Osea non esiterà a identificare la tenerezza indefettibile di Dio, padre e sposo tradito, col suo stesso essere *Santo*: Egli «non sfogherà la sua ira e non distruggerà Efraim, perché egli è Dio e non un uomo, è il Santo che non ama distruggere» (Os 11,9).

Essere *santificati* coincide allora col *vivere in pienezza*, con l'essere *salvati*. Non si tratta tanto di fare cose sante rituali, quanto di comunicare alla misericordia di Dio, di accogliere il suo perdono e perciò di riconoscersi peccatori perché perdonati, di conseguenza perdonare e praticare la giustizia. «Misericordia io voglio e non sacrificio», proclama Osea (Os 6,6; cf. 1Sam 15,22).

Gesù Agnello immolato

Gesù, ponendosi in continuità con i profeti, ripete esattamente la parola di Osea (cf. Mt 9,13; 12,7). È vero che il Nuovo Testamento continua a proclamare che Dio solo è *santo* (Gv 17,11; 1Pt1,15 ss; ecc.), che il suo nome deve essere *santificato* (Mt 6,9), d'ora in poi la santità passa attraverso Gesù, «il Santo di Dio» (Mc 1,34; Lc 1,35; Lc 4,34; Gv 6,69). È Lui che *santifica* se stesso perché i discepoli siano *santificati* (Gv 10,36; 17,17.19). È Lui che accoglie la Santità del Padre nella sua carne, eliminando in se stesso ogni separazione (cf. Ef 2,14). È Lui che porta a compimento, *consuma* nella sua carne ogni "sacrificio" *una volta per tutte* (Eb 7,27) e a favore di tutti nell'eucarestia e nella croce, eventi di puro dono, di pura gratuità.

Dio continua a chiamarci a santità (cf. 1Tes 4,7), ma in Gesù il comando «Siate santi perché io, JHWH sono santo» non può che essere abbinato all'altro: «Amatevi gli uni gli altri come io ho amato voi» (Gv 13,34), perché «Nessuno ha più grande amore di questo: dare la vita per i propri amici» (Gv 15,13). Chi dunque è Dio per amarci di un amore così appassionato da condurlo a legarsi a noi fino alla passione e alla croce?

Gesù, Figlio di Dio e dell'uomo, in realtà si fa vulnerabile e *vittima*, «agnello in mezzo ai lupi» (Lc 10,3), ma non per vittimismo. Il suo offrirsi è per dare vita e vita sovrabbondante (cf. Gv 10,10.18). In questo senso egli è il *vero Agnello.*

Egli è il vero Agnello pasquale senza difetti il cui sangue salvò Israele (cf. Es 12,1-145; 1Pt 1,19; Eb 9,14; 1Gv 3,5), l'Agnello "immolato" (1Cor 5,7; Ap 5,6.9.12; 13,8), svuotato di tutto il suo sangue, di tutta la sua *vita,* che è vita *versata, data, offerta, consegnata* nelle mani del Padre e di tutti quelli che il Padre gli ha dato (Gv 17,2). Gesù muore, dice Giovanni, il giorno di Pasqua (Gv 19,14), proprio nell'ora in cui si immolavano nel tempio gli agnelli e, una volta morto, non gli vengono spezzate le ossa, proprio come all'agnello pasquale (cf. Gv 19,33.36; Es 12,46). Eppure l'Agnello è *in piedi* (cf. Ap 5,6), insieme morto e risorto, con tutta la potenza di vita, vita data in sovrabbondanza (cf. Gv 10,10-17).

«Ecco l'Agnello di Dio che porta [e toglie] il peccato del mondo», aveva proclamato Giovanni il Battezzatore vedendo Gesù venirgli incontro al Giordano (Gv 1,29). Univa così l'agnello pasquale dell'Esodo al Servo di JHWH muto come un agnello condotto al macello (cf. Is 42-53), il Servo fedele a Dio e solidale con la comunità dei peccatori, venuto «a servire e a dare la sua vita in riscatto per molti» (Mc 10,45).

Ecco l'«agnello condotto al macello, muto di fronte a chi lo tosa» (Is 53,7) legge l'etiope in viaggio e anche lui, grazie a Filippo, vi riconosce Gesù di Nazaret. Subito chiede di essere immerso nell'acqua del battesimo, per morire e risorgere con Gesù, e quindi prosegue, pieno di gioia, il cammino del discepolo (cf. At 8,32s).

Non è assurdo accostare "agnello immolato" e gioia, perché se Gesù si è "consegnato" ed è stato "immolato", lo ha fatto una volta per tutte proprio perché nessuno, dopo di Lui, pensi che Dio voglia opprimere e sopprimere la vita di qualcuno. Il Dio di Gesù di Nazaret non è un dio assetato di sangue, ma il Dio «che ha tanto amato il mondo da dare il suo Figlio Unigenito affinché chiunque crede in lui non perisca» (Gv 3,16). E noi che abbiamo ricevuto un dono così grande, se vogliamo rispondervi gratuitamente (cf. Mt 10,8; Ef 2,5-8), non possiamo farlo che alle stesse condizioni e alla stessa maniera. «Non c'è amore senza imitazione», ripeteva fratel Charles. «Venite dietro a me – continua a ripeterci Gesù –, siate servi come me, salvatori e redentori come me… Osate annunciare la buona notizia del regno per le strade del mondo con me, come me… Amate come me, senza contraccambio, fino alle ultime conseguenze… Dite, con la vita, la tenerezza sconfinata del Padre…».

Gesù Redentore

Nell'antico Israele c'era qualcuno che doveva ricoprire la funzione di *go'el* ed era il capofamiglia che prendeva le difese, si faceva garante, protettore, solidale del parente prossimo sventurato, lo riscattava se era caduto schiavo, lo vendicava se era stato ucciso, sposava la vedova di quello che era morto senza figli per assicurargli una discendenza. Ripristinava in tal modo la giustizia, ristabiliva una condizione di vita dignitosa e apriva le prospettive per una convivenza più armoniosa.

Nell'Esodo Dio stesso si fa *go'el*, ossia *redentore* o *vendicatore* o *liberatore* del suo "figlio primogenito" Israele (Es 4,22; 6,6; Is 43,14; 44,6.24; 47,4). Nel nuovo Esodo è Gesù di Nazaret, il Figlio di Dio fatto carne per noi, che ci *redime* o *vendica* o *libera* (il termine greco *lytroô*, deriva da *lyo, staccare, slegare, liberare*). Fin dal grembo materno Gesù è cantato da Zaccaria come colui nel quale Dio «ha visitato e redento il suo popolo» (Lc 1,68). Fin dal grembo materno Egli è *redentore*, proprio come JHWH. Proclama Lui stesso di essere venuto per «dare la propria vita in redenzione di molti» (Mc 10,45). È il mistero del Figlio di Dio che «pone le sue delizie nello stare coi figli degli uomini» (Pr 8,31, cit. nel Bollettino Verde), che non si vergogna di farsi nostro «consanguineo», «primogenito tra molti fratelli» (Rom 8,29; Eb 2,11), fino ad assumere tutte le conseguenze della *solidarietà familiare* del *go'el*. Ed è questo il suo essere *redentore*: per pura grazia ci raggiunge nelle nostre sventure, penetra fino all'estrema profanità della morte, scende negli *inferi* dei senza Dio e di lì li fa risalire, avvolti dal suo perdono, fino al cuore del Padre.

È il mistero insondabile dell'amore gratuito di Dio. Per primo Egli ci ama, per primo ci perdona: «Dio infatti ha tanto amato il mondo, che ha dato il figlio suo unigenito affinché chiunque crede in lui non perisca, ma abbia la vita eterna» (Gv 3,17; cf. 1Gv 4,10.19). In altre parole «Dio ci dà prova del suo amore per noi dal fatto che, mentre eravamo ancora peccatori, Cristo è morto per noi» (Rom 5,8). Ciò vuol dire che *prima ancora* che riconosciamo il nostro peccato, *prima ancora* che ci convertiamo, il Padre dona il Figlio e il Figlio, che è senza peccato (Eb 4,15), si dona a noi peccatori e ci cambia la vita.

Nel Vangelo Gesù di Nazaret agisce in questa medesima logica: accoglie i peccatori, i lontani, gli impuri, gli scomunicati, gli stranieri, passa tra loro facendo il bene e risanando (cf. At 10,38), si mescola con loro e mangia alla loro tavola, rivelando: *"Non sono venuto per chiamare i giusti, ma i peccatori"* (Mc 2,17). È uno scandalo per i benpensanti. E lo scandalo raggiunge il culmine quando si consegna e viene crocifisso tra malfattori, *fuori della città*.

Salvatori con Gesù

Fratel Charles, più che il titolo di Redentore, ama quello di *Salvatore*, perché è il nome di Gesù, *Dio-Salva*, e di conseguenza invita i suoi fratelli a diventare "salvatori con Gesù", completando oggi nella carne «ciò che manca dei patimenti di Cristo» (Col 1,24). Scrive Giovanni: «In questo abbiamo riconosciuto l'amore, che egli ha dato la vita per noi. Anche noi dobbiamo dare la vita per i fratelli» (1Gv 3,16).

Nel Regolamento del 1899, in particolare al cap. XXX, fratel Charles insisteva appunto sulla chiamata dei piccoli fratelli ad essere «salvatori con Gesù Salvatore», portando attraverso di loro, incorporata in loro e incarnata nella vita di ogni giorno, una presenza di Gesù-Salvatore – presenza nella carne, nella croce, nell'eucarestia –, in modo tale che anche gli altri, nel mondo di oggi, possano accoglierla come per contagio.

Andando a vivere fra i musulmani sapeva di rischiare la vita in quanto "infedele". Per questo voleva che i suoi futuri compagni fossero pronti anche a dare la vita. «Se mi trova un compagno, – scriveva a mons. Guérin il 28 gennaio 1905 – è inteso che non lo voglio che a tre condizioni: essere pronto ad avere la testa tagliata, a morire di fame, a obbedirmi in tutto ciò che è bene...». E continuava: «Baciamo la croce che GESÙ invia... Più ci siamo attaccati, più siamo uniti a GESÙ che vi è inchiodato. Non si può, in questa vita, stringere GESÙ se non stringendo la croce...»[13].

Ancora una volta, il 18 giugno 1916, a pochi mesi dalla morte, meditando su Lc 2,21, scriveva: «...Gli fu messo nome Gesù", vale a dire "Salvatore". Ha voluto che il suo nome esprimesse la sua opera... (...) Amare il prossimo, cioè tutti gli esseri umani come noi stessi, è fare della salvezza degli altri e nostra, l'opera della nostra vita; amarci gli uni gli altri come Gesù ci ha amato, è fare della salvezza di tutti l'opera della nostra esistenza, dando, se occorre, il nostro sangue per loro, come ha fatto Gesù»[14].

Abiezione

Seguire/imitare Gesù fino al martirio voleva dire, anche nella testimonianza e nell'evangelizzazione, servirsi degli stessi mezzi di Gesù. Scriveva a monsignor Guérin il 15 gennaio 1908, durante i giorni della grande crisi di solitudine e di malattia, rispondendo all'invito di pubblicare i suoi studi linguistici col proprio nome, anche "per il bene della chiesa": «Non sono questi i mezzi che Gesù ci ha dato per continuare l'opera di salvezza del mondo... I mezzi di cui si è servito al presepio, a Nazareth e sulla croce sono: povertà, abiezione, umiliazione, abbandono, persecuzione, sofferenza, croce...»[15].

Ecco un altro termine difficile, *abiezione*, un termine che p.s. Magdeleine riceve da fratel Charles, ma che fratel Charles

---

[13] Charles de Foucauld, *Correspondances sahariennes*, Cerf, Paris 1998, p. 312.
[14] Charles de Foucauld, *Viaggiatore nella notte*, Città Nuova, Roma 1979, p. 228.
[15] Charles de Foucauld, *Correspondances sahariennes*, Cerf, Paris 1998, p. 578.

riprende a sua volta da un versetto biblico letto nella *Vulgata* latina, un versetto che ripeterà e commenterà costantemente: «elegi abjectus esse in domo Dei mei magis quam habitare in tebernaculis peccatorum» (Sl 83/84,11), «ho preferito essere rigettato, rifiutato nella casa del Dio mio piuttosto che abitare nelle tende dei peccatori».

Qui e altrove fratel Charles identifica "abiezione" con quello che chiama lo "scendere" di Dio, ossia con la *kenosi*, lo svuotamento, il farsi *nulla* del Figlio, secondo Fil 2,7 (cf. Rom 6,4-11; Col 2,12, ecc.), cogliendo, in questo *scendere*, in questo inabissarsi fino a noi, la sintesi della vita e missione di Gesù di Nazaret e quindi della sua. È il mistero di Chi, uguale a Dio, ha preferito non trattenere per sé le sue prerogative divine, ma se ne è spogliato *per noi* al punto di "annichilirsi" facendosi "schiavo", "rigettato" e "maledetto" nella croce (cf. Fil 2,6-11; Gal 3,13).

Risuona insistentemente in fratel Charles la «parola della croce» di Paolo col suo scandalo e la sua stoltezza (cf. 1Cor 1,18s). Ne è un'eco anche la *preghiera d'abbandono*, cui si è già accennato, parafrasi dell'alto grido di Gesù dalla croce: «Padre, nelle tue mani affido il mio spirito» (Lc 23,46), quel grido che si salda con l'altro, quello che perdona chi lo sta uccidendo (Lc 23,34).

Non è da meno p.s. Magdeleine, che sa cogliere, in un unico sguardo, il mistero di Betlemme e della croce, l'abbandono del bimbo del presepio e quello dell'Uomo crocifisso.

In una lettera del 19 luglio 1942 cercava di precisare il senso del termine *abiezione*, ripreso tale e quale da fr. Charles, «una parola – osservava – che scandalizza qualche volta». E spiegava: «…si ha paura delle parole perché si ha paura della realtà che rappresentano. Dimentichiamo di guardare Gesù, il "Modello Unico", che si è incarnato perché lo seguissimo e perché lo imitassimo sino alle sue follie d'amore. Ognuna delle sue parole corrisponda in voi a degli atti, altrimenti il vostro più bell'entusiasmo sarà vano, vuoto...»[16].

Obbedire nella Chiesa, come Chiesa

È all'abbandono di Gesù di Betlemme e di Nazaret che siamo chiamate – chiamate e non costrette –, come figlie *obbedienti* di un Padre buono che vuole il nostro bene. E vi siamo chiamate anzitutto come *cristiane* e *umane*, prima che come *religiose*, come dirà più avanti p.s. Magdeleine, nel suo *Testamento*.

Obbedire è essenzialmente *ob-audire*, ascoltare e l'ascolto include relazione e dialogo, che sono già amore o almeno tendono all'amore. Anche l'*obbedire alla Chiesa* di cui p.s. Magdeleine parla nel Bollettino Verde, è un obbedire in questo senso. E questo è tanto più valido in quanto la Chiesa include la gerarchia ma non si identifica con la gerarchia, perché è fondamentalmente *popolo di Dio*, comunità fraterna di fede, speranza, carità[17]. Se al suo interno l'ultima parola compete all'autorità, molte sono le parole, il dialogo e l'ascolto obbediente che precedono quest'ultima parola e concorrono a formularla, anche attraverso la dinamica dei vari e vicendevoli servizi e doni.

Pur riferendosi eminentemente al Vangelo, p.s. Magdeleine nel Bollettino Verde e nelle prime Costituzioni si esprimeva, anche rispetto alla Chiesa, secondo le categorie pre-conciliari di cui disponeva. Quando la *Lumen gentium* verrà promulgata il 21 novembre 1964, chiarirà al n. 1: «La Chiesa è in Cristo come un sacramento, cioè segno e strumento dell'intima unione dell'uomo con Dio e dell'unità di tutto il genere umano». E al n. 8 spiegherà:

---

[16]   P.s. Magdeleine, *Gesù per le strade I*, 97-98.
[17]   Cf. *Lumen gentium II*.

«Come Cristo ha compiuto la redenzione attraverso la povertà e le persecuzioni, così pure la Chiesa è chiamata a prendere la stessa via per comunicare agli uomini i frutti della salvezza». Ecco: la stessa via, via "povera" e dei "poveri", via di "debolezza" e "imperfezione", nella quale però essa «trova la forza... per svelare al mondo, con fedeltà, il mistero di Lui, che alla fine dei tempi sarà manifestato nella pienezza della luce». È *dentro* questa Chiesa ed *essendo* questa Chiesa, *segno-sacramento* di Cristo e del Regno, popolo di Dio in cammino verso il Regno, nel quale sacerdozio comune e sacerdozio ministeriale «partecipano dell'unico sacerdozio di Cristo» (n. 10), che noi sorelle siamo chiamate a impegnare la nostra vita, facendoci segni e testimoni, *sacramenti di Cristo e del Regno tra i fratelli dell'Islam e del mondo intero*.

Consacrare la vita, in questo senso, non vuol dire altro che essere inviate a *dedicare*, a *offrire*, a *votare* noi stesse, come segni-testimoni di Gesù nostro Signore e fratello, in povertà e piccolezza. Pur essendo aperte all'universalità, ci votiamo con un amore di predilezione ai fratelli e sorelle dell'Islam, sia che si tratti di vera e propria condivisione di vita e comunità di destino, sia che si tratti di offerta spirituale e preghiera. P.s. Magdeleine spiegava così questa predilezione, anche quando fossimo in mezzo ad altri popoli: anzitutto perché l'Islam ha segnato le origini della Fraternità ed è stato il suo "primogenito", poi perché ormai l'Islam è sparso in tutto il mondo[18].

Oggi possiamo constatare ancora di più quale dono sia per noi quest'attenzione verso il mondo musulmano, anche perché ci forma ad una relazione di amicizia fraterna semplice e prudente insieme, disinteressata e priva ovunque di ogni spirito di conquista e di militanza.

---

[18] P.s. Magdeleine, *o.c.*, 262-63; 196.

Come nella parabola del banchetto amata da fratel Charles (cf. Lc 14,16-24), si tratta per noi di essere quei servi (inutili!) inviati a portare l'invito alla tavola del Signore, non ai vicini ricchi, ma ai lontani che non contano, che non stanno nei palazzi ma nelle periferie e non hanno da contraccambiare. Si tratta insomma di andare «per le strade e lungo le siepi», «fuori della città» (cf. Es 29,14; Lv 4,12.21...; Mt 21,39; At 7,57; Eb 13,11-13; Ap 14,20).

Sacrificio vivente

«Il discepolo non è da più del maestro, né il servo da più del suo padrone», ammonisce Gesù (Mt 10,24). Avverte anche, chi lo voglia seguire, di rinnegare se stesso e prendere la sua croce, perché «chi vorrà salvare la propria vita, la perderà, ma chi perderà la propria vita a causa mia e del mio vangelo, la salverà» (Mc 8,34-35).

L'avvertimento perentorio di Gesù, nel suo significato profondo, ci dice che se è vero che chi è chiamato a seguire il Maestro non ha altra via che la sua – ed è via stretta –, è vero anche che si tratta di perdere la vita *per trovarla* (cf. Mt 16,25). Il motto di Gesù, «Se il chicco di grano caduto in terra non muore, rimane solo, se invece muore produce molto frutto» (Gv 12,20-27), che è diventato il motto dei discepoli, e anche quello di fratel Charles e nostro, ci dice ancora una volta che il morire è per vivere e dar vita. Non si tratta più di offrire "sacrifici" o di "sacrificarsi" in senso autodistruttivo, ma di dare se stessi in comunione a Gesù, che è *entrato nel mondo* portando a compimento le parole del Salmo 40: «Tu non hai voluto né sacrificio né offerta... Non hai gradito né olocausti né sacrifici per il peccato. Allora ho detto: Ecco, io vengo... per fare, o Dio, la tua volontà» (Eb 10,5-7).

È in questo senso che anche la nostra vita, nei suoi vari momenti e aspetti, diventa *cosa santa*. Senza bisogno di farci *vit-*

time immolate in senso negativo, quello che ci è chiesto è ciò che Paolo riassume nella lettera ai Romani: «offrire i nostri corpi», ossia la nostra esistenza concreta, «come un'offerta sacrificale vivente, santa, gradita a Dio». Ed è questo, costitutivamente, il nostro «culto spirituale» (Rom 12,1-2. Il greco *loghicòs* è da tradurre piuttosto *logico* o *conforme al Logos*).

Che non sia un'offerta generica e scontata, lo mostra lo stesso Paolo, precisandone le condizioni: non omologarci alle logiche e strutture del mondo contrarie al Vangelo e acquistare un atteggiamento di conversione continua di mentalità, imparando a discernere, nel quotidiano, i segni sempre nuovi della volontà del Padre, a riconoscere dove sta il bene e accoglierlo (cf. Rom 12,2). È proprio così che tutta la nostra esistenza concreta diventa *liturgia*, *offerta viva* a Dio e agli altri. Poiché il Figlio di Dio si è fatto carne, tutte le *separazioni*, anche quelle tra spazi e tempi sacri o profani, sono cadute, e tutto è nostro: «il mondo e la vita e la morte e il presente e il futuro: tutto è nostro! Ma noi siamo di Cristo e Cristo è di Dio» (1Cor 3,22-23).

D'ora in poi i momenti e segni liturgici, inseparabili dalla vita, celebrano e rinnovano la memoria dell'unico vero sacrificio di Cristo, «finché Egli venga» (cf. 1Cor 11,23-26).

Tornare al Vangelo

Non è senza "timore e tremore" (Sal 2,11; 1Cor 2,3) che ci disponiamo a seguire Gesù e a perdere la vita per ritrovarla. Ci accadrà talvolta di gridare, con Lui, il suo stesso grido: «Abbà, Padre! Tutto è possibile a te, allontana da me questo calice!». Ma potremo anche concludere, sempre con Lui: «Però non ciò che voglio io, ma ciò che vuoi tu» (Mc 16,36). Con Lui saremo resi forti della nostra debolezza, dichiara Paolo (cf. 2Cor 12,10). «La debolezza dei mezzi umani è causa di forza», gli facevano eco fr. Charles e p.s. Magdeleine, mentre si affidavano a «Gesù Signore dell'impossibile» che, nel suo Spirito, ci dà di fare cose *impossibili*, più grandi di quanto possiamo immaginare (cf. Gv 14,18.20.12; 15,26).

Non importa quali simboli nuovi troveremo per esprimere quello che fratel Charles e p.s. Magdeleine ci hanno voluto comunicare. L'importante è seguirli nel loro essere *trasparenze di Gesù*, *Vangeli viventi*, linfa di vita traboccante e trasformante, andando oltre le parole. Anche quando p.s. Magdeleine ribadirà la nostra chiamata ad offrirsi alla sofferenza, bisognerà cogliere l'essenziale, che è la comunione con Gesù e al suo amore. Lei stessa, in più di un'occasione, anche con l'aiuto sapiente di padre Voillaume, interpreterà quell'offrirsi non tanto come una ricerca di sofferenze straordinarie, quanto piuttosto come un *accogliere* quelle insite inevitabilmente in ogni vita umana, senza contare quelle che il mondo infligge ai piccoli e ai poveri, a chi ha fame e sete di giustizia. Ma senza passività. Ricordando per esempio quanto ripeteva fratel Charles sul «lasciarsi spogliare senza difendersi», come il servo d'Isaia, spiegava che non è da prendersi rigidamente alla lettera «perché in certi casi ci sarà più amore a difendersi che a lasciarsi spogliare»[19]. Il criterio era sempre l'amore secondo Gesù e il suo Vangelo.

A questo ci orientano fr. Charles e p.s. Magdeleine. Non si fermano a se stessi. Ogni volta ci riconducono a Gesù, *l'unico necessario* (cf. Lc 10,42), e al Vangelo nella sua limpida nudità. «Torniamo al Vangelo», insisteva in tanti modi fr. Charles. Torniamo ad essere «anime di Vangelo», raccomanda p.s. Magdeleine. «Voi, piccole sorelle, siate anime di Vangelo, prima di ogni altro libro, prima di ogni altro insegnamento. Se un Dio si è preso cura di

---

[19] P.s. Magdeleine, *o.c.*, 162.

parlare è perché vivessimo le sue parole: "Le mie parole sono spirito e vita" (Gv 6,63)», scriveva l'8 ottobre 1942[20]. «Stamattina ci penso più che mai – scriveva il 20 luglio 1949 –. Dobbiamo costruire una cosa nuova. Una cosa nuova che è antica, che è l'autentico cristianesimo dei primi discepoli di Cristo. Dobbiamo riprendere il Vangelo parola per parola. È troppo doloroso vedere a che punto lo si è dimenticato... È per questo che, come Cristo, dobbiamo stare con i "peccatori"...»[21]. Lei non lo dimentica. Arriva al punto di presentare il Vangelo e la *carità* come la regola suprema, «la regola al di sopra di tutte le regole»[22].

Ci rendiamo conto di essere «vasi di creta» (2Cor 4,7), inadeguate e bisognose, come lo è la chiesa (cf. LG 8), di «riforma permanente». Ma Dio è fedele: anche quando noi Gli siamo infedeli, Lui «non può rinnegare se stesso» (2Tim 1,12; 2,13) e se il nostro cuore ci rimprovera, «Dio è più grande del nostro cuore» (1Gv 3,20). Quel che ci preme è seguire Gesù *fuori del campo*, insieme a *quelli di fuori*, tenendo lo sguardo fisso su di Lui, inizio e compimento della fede (cf. Eb 12,2; Ap 1,5; 3,14; 21,6; 2Cor 1,20).

---

[20] P.s. Magdeleine, *o.c.*, 109.
[21] P.s. Magdeleine, *o.c.*, 276.
[22] cf. *Testamento* nel Bollettino Verde.

Bollettino Verde

Jesus Caritas

A tutte quelle che fratel Charles di Gesù
attira al suo seguito
nella Fraternità delle Piccole Sorelle di Gesù

A te, Piccola Sorella,

tu vuoi donare la tua vita al Signore seguendo le tracce di colui che era chiamato il «Piccolo fratello di Gesù» e che metteva tutta la sua gioia nel chiamare Gesù il suo «Amatissimo Fratello e Signore». E ti chiedi se la nostra Fraternità corrisponde proprio al tuo ideale e a quello di colui che hai scelto come guida verso il Signore.

«Venite e vedete», diceva Gesù a quelli che chiamava a seguirlo… Tu pure, Piccola Sorella, vieni e guarda.

Noi non siamo l'unica famiglia religiosa che ha avuto origine da fratel Charles di Gesù (Padre de Foucauld). Ne esisteva già un'altra, quando siamo nate e potranno essercene molte altre, poiché si tratta di un ceppo nuovo, voluto dal Signore per rispondere ad esigenze nuove di un secolo nuovo.

Volontariamente abbiamo scelto fratel Charles di Gesù, come nostro Padre ed egli è davvero il nostro Fondatore, anche se è morto solo e abbandonato, poiché la sofferenza di questa solitudine e di questo abbandono, lo ha portato a rassomigliare di più a Cristo ed è stata un più fecondo germe di vita.

Se il chicco di grano, caduto in terra non muore, rimane solo. Ma se muore produce molto frutto (Gv 12,24).

Fratel Charles di Gesù non ci ha fondato, legiferando. Ma

supplicando, immolandosi, morendo, santificandosi, insomma amandolo... (fratel Charles di Gesù a Suzanne Perret, 15 dicembre 1904).

Lui è il nostro unico fondatore. Io sono semplicemente colei che cerca di trasmetterti il suo pensiero, dopo aver cercato di coglierlo il più fedelmente possibile, negli insegnamenti della sua vita e della sua morte, molto più che nella sua regola... fratel Charles di Gesù non può essere né inquadrato, né circoscritto in una regola, che non ha mai sperimentato con dei discepoli e dalla quale lui stesso si è sempre più allontanato.

In questa prima regola, infatti, parla di stretta clausura e lui vive nel Sahara, avendo per lo più, come clausura, solo l'immensità del deserto.

In questa regola fa il progetto di un monastero di clausura, dal quale le Piccole Sorelle non dovrebbero uscire se non per essere trasferite da una fraternità all'altra e lui è il nomade per eccellenza, che percorre il Sahara in ogni senso, andando di tenda in tenda, e lasciandoci l'esempio di una disponibilità totale e insieme di un'ospitalità più larga e più fraterna.

La fraternità è un alveare dalle 5 alle 9 del mattino e dalle 4 alle 8 di sera... (fratel Charles di Gesù a Mme de Bondy, 12 luglio 1902).

...non smetto di parlare e di vedere gente; schiavi, poveri, malati, soldati, viaggiatori, curiosi... (*Idem*, 29 agosto 1902).

Ha aperto il suo cuore a tutti gli esseri e non ha mai saputo mettere un limite al suo zelo e al suo amore fraterno. È il messaggio del suo cuore che voglio cercare di trasmetterti perché tu veda se ti è possibile camminare umilmente sui suoi passi.

Ti offrirai all'immolazione
con la consacrazione della tua vita
per la redenzione dell'Islam
e del mondo intero

Piccola Sorella,
Ti sei resa conto fino in fondo di ciò che esige la tua vocazione, se vuoi camminare al seguito di fratel Charles di Gesù, il «Piccolo Fratello Universale» e allargare il tuo cuore come il suo alle dimensioni del mondo intero, facendo prima di ogni cosa della salvezza di tutti gli uomini, senza esclusione alcuna, con il desiderio e la preghiera, l'opera di tutta la tua vita?

Hai ben capito le esigenze di questa vocazione e le conseguenze che ne derivano? Per rispondere all'Amore immenso e universale del Cuore di Gesù, dovrai essere pronta ad andare fino ai confini del mondo per portarvi questo Amore e per «gridarvi il Vangelo», non con le tue parole, ma con tutta la tua vita.

Mi chiedete se sono pronto ad andare altrove che a Béni-Abbès per l'estensione del santo Vangelo. Sono pronto per questo, ad andare ai confini del mondo e a vivere fino al Giudizio finale (fratel Charles di Gesù a Mons. Guérin, 27 febbraio 1903).

Per essere Salvatore con Gesù e «gridare il Suo Vangelo con tutta la tua vita», dovrai abbandonare famiglia, ambiente, patria, lingua, costumi, mentalità – tutto ciò che ami e a cui sei attaccata con tutte le fibre del tuo essere – e diventare della famiglia, dell'ambiente, della patria di coloro che vorrai salvare e di cui dovrai assumere la lingua, i costumi e perfino la mentalità, per quanto diversi siano dai tuoi.

Dovrai farti veramente una di loro non solo col cuore, ma anche nelle realtà più mortificanti della vita.

E non sempre sarai capita... Il tuo ambiente – il tuo popolo – la tua razza ti rimprovereranno di averli abbandonati o traditi, e quelli che avrai scelto così lealmente e con tanto amore faranno fatica a credere a tanta lealtà e amore...

Per prepararti a questa missione, dovrai certe volte studiare per lunghi anni la lingua, i costumi, la religione e il pensiero profondo del popolo a cui Dio ti avrà destinata. Nessuna razza, nessun popolo, nessun essere umano deve essere escluso dal tuo amore, sia quelli delle terre più lontane che quelli degli ambienti più ostili e meno accessibili.

Non indietreggerai davanti a nessun timore di fallimento, davanti a nessun pericolo:

...Non si deve mai esitare a chiedere i posti in cui sono maggiori il pericolo, il sacrificio, la dedizione. Lasciamo l'onore a chi lo vorrà, ma reclamiamo sempre il pericolo e la fatica (fratel Charles di Gesù a Louis Massignon, il mattino della sua morte, 1 dicembre 1916).

Dovrai essere pronta a scegliere, di preferenza, i posti e gli ambienti più poveri e più trascurati, «quelli verso cui nessuno andrebbe»: popolazioni nomadi o altre minoranze ignorate e disprezzate. Dovrai cercare sulla carta del mondo, se non vi sia, in un piccolo angolo nascosto, un pugno di esseri umani che non interessa nessuno, proprio perché è solo un pugno disseminato talvolta su una larga superficie e inaccessibile ad altre forme di apostolato. Dovrai andarvi di preferenza, perché se non ci vai tu, forse nessuno vi andrà mai per dir loro che Gesù li ama, che ha sofferto ed è morto per loro. Il buon pastore ha lasciato le 99 pecorelle per andare a cercare una sola pecorella smarrita...

Allora tu, non ascoltare quelli che ti dicono che, andare per il mondo alla ricerca di quest'unica pecorella, è tempo perso, dato che importanti masse umane ti chiamano altrove...

Cristo è morto per quest'unica pecorella. Il suo prezzo è il sangue di Gesù.

Se ci fosse anche una sola famiglia di Eschimesi, laggiù vicino al polo, e se ci volessero anche due anni per raggiungerla, vi dico: andateci! Anch'essi hanno diritto alla redenzione (parole di Pio XI a un missionario).

Là sarà la tua vocazione.

Per realizzarla dovrai essere pronta a mancare di tutto e ad andare «là dove Gesù andrebbe: verso la pecorella più smarrita, verso il fratello di Gesù più malato, verso i più abbandonati, verso coloro che sono senza pastore e coloro che si trovano nelle tenebre più fitte e all'ombra della morte più profonda» – non temendo, pur di raggiungerli, né la fatica dei lunghi viaggi, né le sofferenze delle intemperie, né i pericoli della strada, «né i pensieri, le parole, le azioni degli uomini contro di te».

Hai preso davvero coscienza di tutto ciò che questo può portare come sofferenze fisiche, dovute ai cambiamenti di clima, di vitto, di abitudini – sofferenze morali, causate dalla rinuncia a tutto ciò che ami – sofferenze spirituali, perché non vedrai tu stessa i frutti della tua fatica?

Molto spesso, seminerai e non raccoglierai. Come fratel Charles di Gesù forse, non vedrai mai una sola anima venire a Cristo per opera tua... Dovrai essere capace di sopportare le ingiurie e i maltrattamenti, senza spaventarti delle difficoltà, senza scoraggiarti delle delusioni e delle sofferenze inevitabili della tua vita di apostola, rallegrandoti piuttosto se hai l'onore e la gioia di soffrire e di essere spogliata e maltrattata per amore del tuo Amatissimo Fratello e Signore Gesù:

> Allora, benediciamo Dio e ringraziamolo perché ci dà la grazia delle grazie, la fortuna delle fortune... cioè di dare la prova del più grande amore – «Non c'è amore più grande che dare la vita per i propri amici» (Gv 15,13). È la grazia delle grazie, la felicità delle felicità, la più grande felicità che si possa avere in questo mondo, e che sarà immediatamente seguita dalla Felicità eterna nell'altro (fratel Charles di Gesù, meditazione sul Salmo 21).

In questo spirito – a meno che l'obbedienza non t'imponga un altro dovere – non dovrai fuggire la persecuzione e ti lascerai immolare senza resistenza, dando la tua vita che avevi offerta in redenzione nel giorno della tua Professione religiosa.

E, dopo averti parlato del mondo intero, tutto aperto davanti a te, affinché non vi sia nessun limite e nessuna riserva al tuo zelo, ti sarà chiesto di fare una consacrazione particolare per i tuoi fratelli dell'Islam. Questo ti verrà chiesto in nome di fratel Charles di Gesù, che li aveva scelti di preferenza, e che è morto in mezzo a loro, dopo aver offerto per loro la sua vita, pur volendo essere il «Piccolo Fratello universale» ed esprimendo il desiderio di vedere le fraternità diffondersi attraverso il mondo.

Questo ti verrà chiesto in nome suo, poiché egli è tuo padre, e non avrai il diritto di rifiutare questa piccola porzione della sua eredità.

Forse non capirai subito e avrai timore di essere infedele alla chiamata di altri popoli che ami già in modo particolare, o di rimpicciolire il tuo cuore che vorrebbe rispondere, con un amore universale, alla chiamata del mondo intero...

Non temere. Questa consacrazione particolare non dovrà mettere alcun limite all'universalità del tuo zelo che si estenderà al mondo intero – senza escludere nessun essere umano, nessun ambiente, nessun popolo, nessuna razza – seguendo l'esempio di Gesù, Salvatore universale, il cui Cuore divino ha amato infinitamente, senza eccezione, tutti gli uomini.

L'offrire, nel giorno della tua Professione religiosa, la tua vita all'immolazione, per la redenzione dell'Islam e del mondo intero, e il rinnovare la tua offerta, ogni mattino nel Santo Sacrificio della Messa, non ti impedirà di conservare nel tuo cuore un amore di preferenza per il popolo divenuto tuo, per adozione. Gesù che è morto per tutti gli uomini e la cui redenzione si applica a tutti i popoli del mondo, aveva scelto, anche Lui, un popolo in mezzo al quale vivere, soffrire, morire.

Puoi così capire come fratel Charles di Gesù abbia potuto lasciare in eredità ai suoi discepoli questa terra d'Islam in cui versò il suo sangue.

Cerca di avere insieme a lui una fede piena di speranza nella redenzione dei popoli dell'Islam, la stessa fede e lo stesso amore dei primi apostoli e dei primi martiri del Cristianesimo, un amore capace di spingerti a dare la tua vita con gioia, in fervida unione al Sacrificio di Gesù Cristo sull'altare.

Fa' crescere il tuo amore per questi fratelli ancora lontani da Cristo e, con loro, per i tuoi fratelli del mondo intero, affinché entrino tutti nel mistero della Redenzione.

Allora sarai pronta a realizzare al massimo, con la preghiera e l'immolazione, la tua vocazione di apostola consacrata alla redenzione dell'Islam e del mondo intero.

Vivrai
in un'obbedienza senza limiti
verso tutti coloro che rappresentano per te
l'autorità di Cristo nella sua Chiesa

Questo sarà uno dei punti più gravi e insieme più delicati del tuo impegno.

Rifletti bene prima di entrare in una via dove non ci potranno essere, per te, né compromessi né riserve.

La tua vocazione religiosa ti consegna già nelle mani del Signore, in uno stato di totale dipendenza.

La tua vocazione di Piccola Sorella ti chiederà di andare fino all'estremo limite di questa dipendenza, sulle tracce di fratel Charles di Gesù, per il quale l'obbedienza era «l'espressione più perfetta dell'abbandono all'Amore» e che, in tutti i suoi scritti, ripete senza posa le parole di Cristo a quelli che aveva incaricato di rappresentarlo sulla terra:

Chi ascolta voi, ascolta me (Lc 10,16).

Rifletti bene, poiché questa obbedienza sarà spesso per te una delle più dure esigenze dell'Amore.

È tutta la tua libertà, che ti è tanto cara, è tutta la tua volontà a cui finora non hai mai interamente rinunciato, che dovrai consegnare nelle mani di una creatura umana, che forse giudicherai senza grandi capacità e senza reale santità. Per mezzo suo ti verrà trasmessa la Volontà del Signore, quando è rivestita dell'autorità del Cristo presente nella sua Chiesa, ed ogni volta che, in virtù del potere conferitole dalla Chiesa, rappresenterà per te quest'autorità.

Perché la tua obbedienza sia veramente un atto d'amore, dovrai obbedire con tutta la tua intelligenza e tutto il tuo cuore, raggiungendo, al di là delle parole, il vero pensiero di coloro che saranno per te una presenza della Volontà del Signore – presenza che ti darà la possibilità di conoscere e di fare la volontà del tuo Amatissimo Fratello e Signore Gesù.

Non vi è maggior prova d'amore, che compiere la Volontà di colui che si ama (fratel Charles di Gesù).

In un'epoca di libertà d'opinione e di discussioni che turbano le anime, dovrai, pur restando all'avanguardia, avere verso la Chiesa, una docilità di bambino.

Davanti a te si parlerà, forse, con leggerezza e senza rispetto dei rappresentanti della Chiesa. Tu avrai per la Persona del Santo Padre e per tutta la gerarchia della Chiesa, una sottomissione totale e un filiale amore.

Intorno a te, si discuterà a volte sull'opportunità di certe direttive della Chiesa. Tu, le riceverai umilmente e ti sottometterai lealmente e con amore, per quella parola del Signore, che vi ho già ricordato: «Chi ascolta voi, ascolta me».

Solo in questa linea di obbedienza filiale realizzerai la tua vocazione all'Amore.

Quanto più si è uniti alla Chiesa, tanto più si è uniti allo Spirito Santo che la anima, tanto più si ama Colui di cui Essa è il Corpo, il nostro Amatissimo Signore Gesù (Regola dei Piccoli Fratelli).

Senza questa obbedienza, i tuoi più grandi desideri di santità e di amore non porterebbero alcun frutto, poiché resterebbero sul piano umano della tua propria volontà.

Perché mi chiamate Signore, Signore, e non fate ciò che vi dico! (Lc 6,46).

Con l'obbedienza raggiungerai la Volontà del Signore Amatissimo e dimorerai nel Suo Amore e nella Sua Amicizia:

Siete miei amici, se fate ciò che vi comando (Gv 15,14).

Se uno mi ama osserverà la mia parola... (Gv 15,23).

A volte, come Cristo, dovrai lottare per conformare la tua volontà a quella del tuo Padre che è nei Cieli. Ma se ami davvero, con tutta la forza del tuo amore, potrai dire con Lui:

Padre, non la mia volontà sia fatta, ma la tua (Lc 22,42).

Nello spogliamento di una povertà totale
dovrai amare l'abiezione
e desiderare l'ultimo posto

Hai preso coscienza in modo serio che, per essere una vera figlia di fratel Charles di Gesù, devi essere la testimonianza vivente del suo pensiero, del suo desiderio di spogliamento e di povertà, di umiltà e di abbiezione?

Come lui, dovrai vivere secondo il Vangelo, povera tra i poveri.

Sarà per te una questione di lealtà. Rappresenti, agli occhi di tutti, il piccolo fratello Charles di Gesù. A volte riceverai parte della popolarità che lo circonda e dell'amore che i suoi amici gli hanno consacrato. Non avresti il diritto di portare il suo nome e di essere chiamata sua figlia, se li deludessi nel tuo modo di praticare la povertà e l'umiltà che caratterizzano la sua fisionomia spirituale.

Venir meno allo spirito di povertà, è tradire il suo pensiero.

Questo pensiero lo ritroverai in ogni pagina dei suoi scritti:

Mio Signore Gesù, come diventerà subito povero, colui che, amandovi, con tutto il cuore, non potrà sopportare di essere più ricco del Suo Amatissimo... Come diventerà subito povero, colui che accoglierà con fede le Vostre parole: «Se vuoi essere perfetto, va', vendi ciò che hai e dallo ai poveri... Beati i poveri, perché chiunque avrà lasciato i suoi beni per Me, riceverà quaggiù il centuplo, e in Cielo la Vita eterna...

Mio Dio, non so se sia possibile a certe anime di vedervi povero e di restare volentieri ricche... In ogni caso, quanto a me, non posso concepire l'amore senza un bisogno, un bisogno imperioso di conformità, di rassomiglianza....

La misura dell'imitazione è quella dell'amore...

Essere ricco a mio agio, vivere comodamente dei miei beni, quando Voi siete stato povero, nel bisogno, vivendo penosamente di un lavoro faticoso: per me, io non lo posso, mio Dio... Non posso amare cosi.

Per me cercare sempre l'ultimo degli ultimi posti per essere piccolo come il mio Maestro, per essere con Lui, per camminare passo a passo dietro a Lui... Disporre la mia vita in modo da essere l'ultimo, il più disprezzato degli uomini... Vivere nella povertà, l'abbiezione, la sofferenza...

Stabilirsi silenziosamente, come Gesù a Nazaret, oscuramente come Lui, poveramente, laboriosamente, umilmente. Condurre il più esattamente possibile, l'esistenza umile ed oscura del divino Operaio di Nazaret vivendo unicamente del lavoro manuale.

Avere sempre davanti agli occhi il Modello Unico, il Falegname, Figlio di Maria, ricordandoci, che, quanto ai beni materiali, tutto ciò che avremmo più di lui, non farebbe che mostrare quanto si è diversi da lui, quanto il nostro cuore ha gusti diversi dai suoi. Vuotare i nostri cuori dall'amore delle cose materiali, con la povertà interiore, lo spogliamento interiore dell'anima staccata da tutto ciò che non è Dio e Gesù, usando delle cose materiali solo per amore di Dio e per obbedienza a Dio, nella misura in cui Lui ce lo comanda e sempre pronti a preferire aver di meno piuttosto che di più, soffrire della penuria piuttosto che non mancare di niente, per assomigliare di più a Colui che non ebbe una pietra per posare il capo e di cui furono tirati a sorte i vestiti.

Non preoccuparsi della salute o della vita più di quanto l'albero per una foglia che cade.

Vuoi questa povertà totale per amore di Gesù? Al seguito di fratel Charles di Gesù, vuoi amare l'abiezione e desiderare l'ultimo posto?

A Roma, nel 1944, ai piedi di Papa Pio XII, ci siamo presentate ufficialmente come delle «Piccole Sorelle da niente», che nessuno penserebbe di prendere in considerazione. Abbiamo presentato la nostra Fraternità come una Congregazione operaia, appartenente alla classe sociale dei poveri e dei lavoratori manuali, che desidera soltanto seguire le orme del nostro Amatissimo Fratello e Signore Gesù, nella via dell'umiliazione e dell'abiezione.

Le nostre Costituzioni e le note che le commentano sono piene di parole come queste, tutte ispirate a fratel Charles di Gesù:

– Amare la povertà e l'abiezione, in un desiderio di spogliamento totale, per avere – con il nostro Amatissimo Fratello e Signore Gesù – la gioia di essere umiliate, disprezzate e trattate da nulla per amor suo.
– Praticare la virtù di povertà, in conformità alla povertà e all'abbiezione di Colui che, per amore, ha preso l'ultimo posto, è nato in una stalla, non aveva dove posare il capo, è morto completamente spogliato su una croce, dopo aver visto tirare a sorte i suoi vestiti e fu sepolto in una tomba data in prestito.

– Essere felici ogni volta che dovremo privarci del necessario e soffrire della povertà, che preferiremo a tutti i beni della terra, rallegrandoci molto meno di ciò che abbiamo, che di quello che ci manca.

– Non possedere né dote né rendite e niente che possa dispensarci dal vivere nella povertà di piccoli artigiani, guadagnando faticosamente, giorno per giorno, come Gesù, il nostro pane quotidiano.

– Attribuire al lavoro manuale tutto il suo valore, in unione a quello del povero e divino Operaio Gesù, Figlio di Maria e Figlio adottivo del carpentiere Giuseppe.

– Avere un amore di preferenza per gli umili e i poveri, ricordando che è rivolto direttamente a Gesù, il minimo gesto di bontà e di amore, fatto ai più piccoli tra i suoi. Accogliere questi ultimi con rispetto e amore, avendo per loro le attenzioni più delicate, poiché sono le membra sofferenti di Gesù.

– Condividere la vita dei poveri, abitare in case come le loro, mangiare gli stessi cibi, portare gli stessi abiti. Viaggiare nella classe dei poveri, l'ultima. Condividere all'ospedale la sorte dei poveri. Essere sepolte come i poveri.

– Come Gesù che si è fatto l'ultimo di tutti e il servitore di tutti, non lasciarsi servire e tenere per sé le occupazioni più umili e più faticose.

– All'interno della fraternità, fare a gara nel mettersi al disotto di tutti. Desiderare l'ultimo posto. Accettare tutte le umiliazioni, senza cercare scuse per gli errori di cui si è rimproverati, anche ingiustamente, a meno che l'onore di Dio e il bene della carità siano direttamente in causa, per imitare la dolcezza e l'umiltà di Colui che tacque davanti ai suoi giudici e non ebbe che preghiere per i suoi carnefici.

– Farsi umili in pensieri, in parole, in azioni – umili davanti ai piccoli come davanti ai grandi, di fronte al successo come di fronte all'insuccesso ricevendo le lodi come ricevendo le ingiurie. Avere al tempo stesso una grande dolcezza, una grande tolleranza, una grande indulgenza per gli altri.

– Cercare innanzi tutto, nella virtù di povertà, più che le sofferenze materiali di una povertà esteriore, l'abbiezione delle umiliazioni e il disprezzo che ne deriva, l'annientamento e lo spogliamento più profondi, della povertà interiore di un'anima desiderosa di diventare ogni giorno più simile a Gesù.

Ti rendi conto, attraverso tutti questi testi, di tutto ciò che la tua vocazione esige di vero oblio di sé, di spogliamento totale, se vuoi che essa sia vissuta pienamente e realmente e non rimanga un ideale che si ammira, ma che ci si guarda bene dal vivere, non appena si tratta di noi stessi?

Per viverlo dovrai spesso accettare di metterti ai margini di ciò che nel mondo si ha troppo l'abitudine di considerare come richiesto dalla dignità religiosa. Sarà molto duro, perché i tuoi amici, i parenti, coloro in cui avevi posto tutta la tua fiducia, ti predicheranno, forse, un altro ideale, accusandoti di ridicolo, di esagerazione, di follia. Come il Cristo sarai forse occasione di scandalo…

E bisognerà resistere!… Bisognerà resistere, perché sei una Piccola Sorella di fratel Charles di Gesù e, a questo titolo, sei consacrata a una forma di povertà alla quale altri non sono forse chiamati. In suo nome, bisognerà mantenere e difendere il tuo ideale di fronte a tutti quelli che non hanno ancora capito, alla luce del Cristo dell'Incarnazione e della Passione, tutto l'amore racchiuso in questo desiderio di povertà e di abiezione…

Bisognerà resistere perché hai scelto di dare la tua vita in mezzo ai più poveri e ai più diseredati. Come potresti capirli, come potresti amarli se non condividessi un po' delle loro sofferenze, un po' della loro povertà?

Come avresti il coraggio di non mancare di nulla in mezzo ad essi che mancano di tutto, senza che la loro miseria sia un rimprovero vivente al tuo benessere e alla tua agiatezza?…

Dovrai resistere e resisterai, lo sguardo fisso sul Modello Unico, Gesù operaio, Figlio di Maria e Figlio del carpentiere Giuseppe – Gesù che è nato, è vissuto, è morto nella più profonda abiezione, avendo talmente preso l'ultimo posto che nessuno ha mai potuto toglierglielo – Gesù offertosi al disprezzo di tutti i grandi, dei farisei, dei principi dei sacerdoti e degli anziani del popolo, – Gesù scandalo per gli Ebrei e follia per i Gentili...

Vuoi seguirlo fin là?

Testimone di Gesù
vivrai mischiata alla massa umana
come il lievito nella pasta

Questo è il mio testamento:

Perché queste cinque parole all'inizio di queste pagine, piuttosto che altrove? Perché tutte le altre sono ispirate totalmente, unicamente da fratel Charles di Gesù. È il suo spirito più puro, è tutta la sua anima, è dunque il suo testamento che ti ho dato. Non è il mio... Ma, assumo tutta la responsabilità delle pagine che seguono. O, piuttosto, se c'è qualcosa di bene, tutta la gloria andrà al Signore Gesù, ma se c'è qualcosa di male, io soltanto dovrò esserne condannata...

Vi ho messo tutta la mia anima, il pensiero caro di tutta la mia vita e così com'è, semplicemente e in modo maldestro, te lo affido, come il messaggio di una madre alle sue figlie.

Supplico tutti coloro che leggeranno queste righe di non vedervi mai il minimo biasimo per le altre forme di vita religiosa che, da secoli, hanno dato dei santi alla chiesa.

Si tratta semplicemente di una concezione diversa che cerca di rispondere a bisogni differenti di un secolo nuovo.

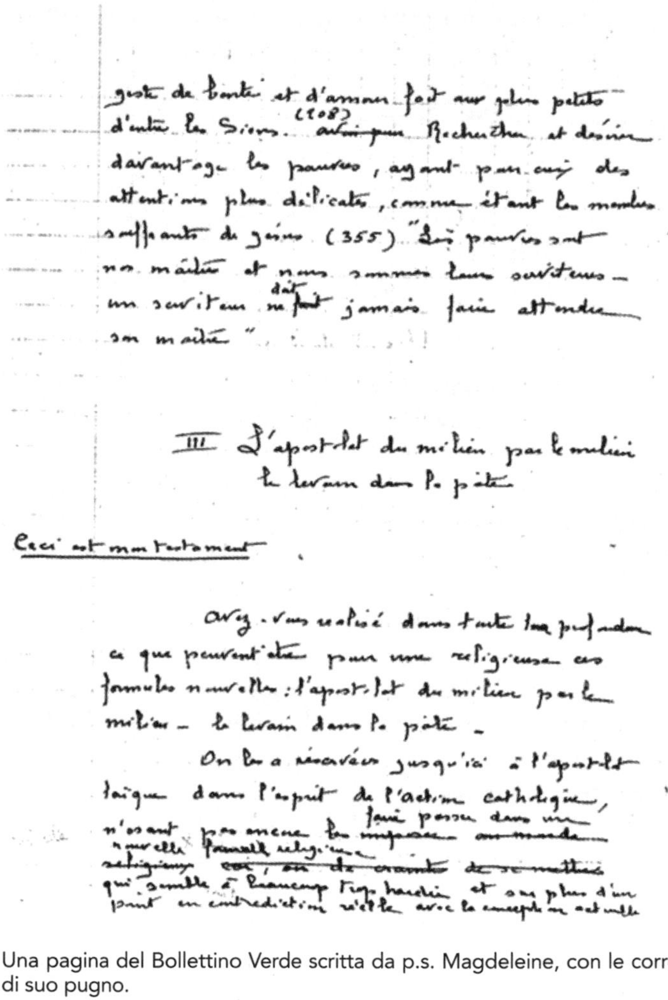
geste de bonté et d'amour fait aux plus petits d'entre les Siens. (108) Recherchez et désirez davantage les pauvres, ayant pour eux des attentions plus délicates, comme étant les membres souffrants de Jésus (355) "Les pauvres sont nos maîtres et nous sommes leurs serviteurs — un serviteur ne doit jamais faire attendre son maître"

III L'apostolat du milieu par le milieu
le levain dans la pâte

Ceci est mon testament

Avez-vous réalisé dans toute leur profondeur ce que peuvent être pour une religieuse ces formules nouvelles : l'apostolat du milieu par le milieu – le levain dans la pâte –

On les a réservées jusqu'ici à l'apostolat laïque dans l'esprit de l'action catholique, n'osant pas encore les faire passer dans une nouvelle famille religieuse qui semble à beaucoup trop hardie et sur plus d'un point en contradiction réelle avec la conception actuelle

Una pagina del Bollettino Verde scritta da p.s. Magdeleine, con le correzioni di suo pugno.

Chiedo a tutte quelle che sono attratte da questo ideale di Fraternità di continuare, dopo di me, a camminare in questa via nuova ed *è per questo che* l'ho chiamato il mio testamento – sottomettendo sempre molto umilmente e filialmente, tutte le conseguenze che ne deriveranno all'autorità della Chiesa di cui voglio restare, più che mai, la figlia più amorosa e obbediente.

Piccola sorella,
ti rendi conto di ciò che rappresenta, per una religiosa, questa vocazione a una vita povera tra i poveri e mischiata alla massa umana, come il "lievito nella pasta"?…
Finora sembrava che questa vocazione fosse irrealizzabile, perché si allontanava troppo dalla concezione tradizionale della vita religiosa. Ed ecco che, pur essendo l'ultima e la minima di tutte, oso dirti, in nome della missione affidatami nella fondazione di una nuova Congregazione che vuol essere una Fraternità.
Hai un unico modello: Gesù. Non cercarne altri.

Come Gesù, durante la sua vita umana, fatti tutta a tutti: araba in mezzo agli arabi, nomade in mezzo ai nomadi, operaia in mezzo agli operai… ma prima di tutto umana in mezzo agli esseri umani. Per proteggere la tua dignità religiosa e la tua vita d'intimità con Dio dai pericoli esterni, non crederti obbligata a porre una barriera fra il mondo laico e te. Non metterti ai margini della massa umana.
Come Gesù, fa' parte di questa massa umana. Penetra profondamente e santifica il tuo ambiente, conformando ad esso la tua vita, con l'amicizia, con l'amore, con una vita totalmente donata, come quella di Gesù, al servizio di tutti, con una vita talmente mischiata a tutti, fino ad essere una cosa sola con tutti, volendo essere tra loro come il lievito che si perde nella pasta per farla lievitare.
Oso dirti ancora.

Prima di essere religiosa, sii umana e cristiana in tutta la forza e la bellezza di questa parola. Sii umana per glorificare meglio il Padre nella sua creatura e per rendere testimonianza all'Umanità santa del tuo Amatissimo Fratello e Signore Gesù. Quanto più sarai perfettamente e totalmente umana, tanto più potrai essere perfettamente e totalmente religiosa, perché la tua perfezione religiosa fiorirà allora in un equilibrio normale che ne rafforzerà la base.

E se te lo dico con tanta sicurezza, malgrado l'audacia di questa nuova concezione della vita religiosa, è perché essa è conforme al Vangelo e alla più pura tradizione dei grandi Santi della Chiesa, secondo le parole dell'Apostolo s. Paolo nella sua Epistola ai Corinzi:

> Infatti, pur essendo libero da tutti, mi sono fatto servo di tutti per guadagnarne il maggior numero: mi sono fatto come Giudeo per i Giudei, per guadagnare i Giudei. Per coloro che sono sotto la Legge – pur non essendo io sotto la Legge – mi sono fatto come uno che è sotto la Legge, allo scopo di guadagnare coloro che sono sotto la Legge. Per coloro che non hanno Legge – pur non essendo io senza la legge di Dio, anzi essendo nella legge di Cristo – mi sono fatto come uno che è senza Legge, allo scopo di guadagnare coloro che sono senza Legge. Mi sono fatto debole per i deboli, per guadagnare i deboli; mi sono fatto tutto per tutti, per salvare a ogni costo qualcuno. Ma tutto io faccio per il Vangelo, per diventarne partecipe anch'io (1Cor 9,19-23).

E se te lo ripeto con tanta forza, è soprattutto perché ho davanti agli occhi il Modello Unico, Gesù, Dio fatto uomo che, in mezzo a tutti gli uomini, è stato semplicemente uno di loro, vivendo con amore la sua vita umana, trovando le sue delizie nel vivere in mezzo ai figli degli uomini – quel Gesù che non ha esitato a velare la sua dignità divina prendendo la natura umana, che ha esaltato rivestendosi della nostra umanità.

Eppure che abisso tra Dio e l'uomo!... E se Dio si è incarnato, malgrado questo abisso, non è forse per servirci essenzialmente di modello? Oseremmo dire che facciamo meglio, facendo diversamente dal modello divino, Gesù: Gesù figlio di Maria e figlio adottivo del carpentiere Giuseppe, Gesù a Betlemme, Gesù operaio a Nazaret, Gesù sulle strade di Palestina, Gesù durante la sua Passione, che accetta per amore di morire su una croce, innalzata proprio in mezzo a una folla umana, che lo copriva di insulti...

Bisognerà saperlo difendere, questo magnifico ideale e bisognerà soprattutto farlo capire intorno a noi, poiché talvolta sarà un segno di contraddizione.

Bisognerà far capire che vi può essere diversità di membra nell'unità di uno stesso corpo, e che quindi vi possono essere anche diverse concezioni nell'osservanza delle regole religiose.

Quella delle piccole sorelle di Gesù ti chiederà di subordinare sempre le prescrizioni della vita religiosa a quelle del Vangelo e dovrai sempre mettere la carità al disopra di tutte le regole, per farne la regola suprema, il più grande Comandamento di Gesù.

Il silenzio e la clausura, che ti manterranno più intimamente a Gesù, avranno come scopo di farti crescere nel suo Amore, piuttosto che di separarti dagli uomini, tuoi fratelli e suoi fratelli e – per non correre il rischio di mancare di amore – dovrai spesso subordinare l'osservanza del silenzio e della clausura ai doveri per te maggiori dell'ospitalità e della carità, sapendo interrompere la dolcezza del silenzio e del raccoglimento per ricevere Gesù in ogni creatura che viene a bussare alla porta della tua fraternità, anche se sgradita e importuna.

Non vivrai in disparte dal mondo, col pretesto di riserbo religioso. Imiterai Gesù, l'esemplare perfetto di ogni vita umana.

Come lui, quando sarà necessario, mangerai con gli uomini, tuoi fratelli, ti rallegrerai con loro. Accetterai con semplicità la loro ospitalità, vivendo fraternamente in mezzo ad essi la tua vita religiosa, per svelarne loro la bellezza e la grandezza.

Forse, allora, ti verrà rimproverato, come a Cristo, di mangiare con i pubblicani e i peccatori, di mischiarti alla folla, di lasciarti avvicinare troppo dalle pubbliche peccatrici e disturbare dai bambini...

Ti sarà rimproverato di mancare di dignità religiosa, ma che importa!...

> Un discepolo non è più del maestro; ma ognuno, che sia ben preparato, sarà come il suo maestro (Lc 6,40).
> Vi ho dato un esempio, infatti, perché anche voi facciate come io ho fatto a voi (Gv 13,15).

Non coltiverai in te soltanto le virtù religiose, perché sarebbero anormali e contro natura se non fossero innestate su delle virtù umane che dovrai sviluppare in perfezione per l'onore e la gloria di Cristo Gesù, il Figlio di Dio fatto uomo.

Ti sforzerai di sviluppare in te le qualità umane di audacia, di coraggio, di virilità e di distruggere i difetti umani di pusillanimità e di timidezza.

Così pure ti sforzerai di distruggere energicamente in te stessa i difetti femminili di sensibilità e di immaginazione eccessive, ma eviterai lo scoglio che consisterebbe nel distruggere al tempo stesso le qualità femminili di delicatezza e di dono di sé, che metterai a servizio degli altri, in una totale dimenticanza di te stessa.

La tua formazione religiosa dovrà essenzialmente tener conto dei concetti di buon senso e di giudizio, di prudenza e di giustizia umana, le cui esigenze devono passare davanti alle illusioni di carità. E questa formazione ti farà prender coscienza, nello stesso tempo, delle esigenze incluse in questi altri concetti di diritto naturale: il senso della responsabilità, il dovere di stato, la coscienza professionale.

Il tuo desiderio di nascondimento, di piccolezza e di abiezione sarebbe illusorio se t'impedisse di rendere onore a Cristo Gesù con la tua grandezza d'animo e con la tua larghezza di spirito. Evita ogni meschinità. Non scandalizzarti per dei nonnulla. E soprattutto respingi il formalismo ed il fariseismo in tutte le loro forme, e così pure tutte le piccinerie che frantumano il vero amore.

Non cercare di togliere dalla tua strada tutte le difficoltà, le tentazioni e i pericoli. Essi fanno parte della tua vocazione di dissodatrice.

Sta in guardia contro il pericolo sottile di una rassegnazione troppo passiva e dell'illusione di un troppo facile abbandono alla Provvidenza, che sarebbe come un'abdicazione alla volontà umana. Cerca invece di sviluppare al massimo la tua volontà, e vedrai fin dove possono giungere la sua forza e le sue possibilità, quando è unita alla Volontà divina e può quindi contare sull'onnipotenza di Gesù, padrone dell'impossibile.

Con tutta l'audacia di una fede capace di spostare le montagne, credi che con Lui, potrai superare gli ostacoli più insormontabili – ed allora le parole di impossibilità, di inquietudine, di timore, di pericolo non avranno più alcun senso per te.

Una delle cose che dobbiamo assolutamente a Nostro Signore, è di non aver mai paura di nulla (fratel Charles di Gesù, *Scritti spirituali*).

Ripeti continuamente a te stessa: ciò che è follia agli occhi degli uomini, molto spesso è Sapienza divina.

Pratica inoltre la pazienza e la perseveranza, ripetendoti, nei momenti di scoraggiamento e di stanchezza:

Quando si parte dicendo che si va a fare una cosa, non si deve ritornare senza averla fatta (fratel Charles di Gesù a sua sorella).

Non ti sarà richiesto, in nome della modestia religiosa, di vivere con gli occhi bassi, ma di spalancarli per ben vedere accanto a te tutte le miserie ed anche tutte le bellezze della vita umana e dell'universo intero. Escluderai i modi austeri e distanti, come pure la suscettibilità e i risentimenti e ti sforzerai di mostrarti sempre sorridente e amabile, piena di buonumore e di slancio, affinché la tua gioia esteriore renda testimonianza a Colui che è l'Autore di ogni gioia, la Sorgente di ogni beatitudine, e per Amore del quale saprai nascondere sotto il velo del sorriso le tue stanchezze e le tue contrarietà.

Non ti sarà chiesto, in nome dell'amore di Cristo, di staccarti dall'amore dei tuoi cari. Ti sarà detto, invece, poiché il quarto comandamento è di diritto naturale e di diritto divino, che non può essere sostituito, né abolito da nessuna regola religiosa e che i tuoi genitori resteranno sempre, dopo Gesù, l'oggetto più caro del tuo affetto.

Ti si dirà ancora che l'amicizia umana, quando è retta e pura, è troppo bella per essere distrutta o diminuita, e che dovrai anzi, pur trasformandola e purificandola, farla crescere nell'amore di Cristo, che ha incarnato ogni ideale di amicizia. E, in suo nome, ti si parlerà del grande desiderio di amicizia che dobbiamo avere verso tutti gli esseri umani, andando ad essi semplicemente perché li amiamo e lo vorremmo testimoniare loro gratuitamente – cioè senza attendere nessuna riconoscenza, nessun risultato, fosse anche di apostolato…

Con il pretesto di mantenerti nell'umiltà, non ti sarà chiesto di distruggere il tuo modo di giudicare, di soffocare la tua personalità, di negare o dissimulare i tuoi talenti. L'umiltà è verità, e soprattutto un talento è un dono di Dio, che Egli ti ha affidato per farlo fruttificare. Non ti appartiene. Come potresti gloriartene? Non fare quindi a Dio l'ingiuria di disprezzare un suo dono, di seppellire uno dei suoi talenti, ma falli fruttificare al massimo per l'amore e la gloria del Signore Gesù che te li ha affidati. Coltiva il tuo giudizio e sottomettilo totalmente, ma in modo intelligente all'obbedienza religiosa. Sviluppa al massimo la tua personalità, ma unicamente per metterla al servizio di Cristo. non a tutti sono date le stesse intuizioni, le stesse grazie, la stessa vocazione. Non cercare di entrare nello stesso stampo, ma prova a scoprire la tua orientazione personale, per farla fiorire nel quadro della vocazione comune delle Piccole Sorelle di Gesù.

Ti verrà ripetuto spesso che la tua vocazione religiosa, i tuoi voti, invece di fare di te un essere di eccezione, di separarti dagli altri, ti consacrano a tutti i membri del Corpo di Cristo, a tutti gli esseri umani, tuoi fratelli e Suoi fratelli e che la tua vita religiosa non dovrà mai, per nessun pretesto, essere un ostacolo all'amore fraterno.

Il tuo voto di obbedienza non diminuirà le tue responsabilità, né la necessità di alcune iniziative, più meritorie talvolta della sicurezza di un'obbedienza passiva. Ma ti libererà dagli ostacoli della tua volontà propria e del tuo egoismo personale e ti darà una disponibilità totale al servizio dell'Amore.

Il tuo voto di castità non ti ripiegherà egoisticamente su te stessa in una ricerca ristretta di perfezione personale. Non ti chiede di rimpicciolire né mutilare il tuo cuore, ma di aprirlo ancor di più per amare tutti gli uomini, tuoi fratelli, di una amore immenso, che aumenterà nella misura del tuo amore per il tuo Amatissimo Fratello e Signore Gesù.

Il tuo voto di povertà non dovrà mai restringere l'amore che devi avere per tutti gli esseri. Dovrà portare delle privazioni solo per te, e al contrario, liberandoti da ogni preoccupazione personale, permetterti di venire in aiuto a tutti quelli che il Signore Gesù metterà sulla tua strada.

Se vuoi donare la tua vita in modo totale, non dovrai agire diversamente dall'unico modello, Gesù nel vangelo, Gesù che ha voluto essenzialmente essere soltanto un povero operaio, perso in mezzo agli altri, come fermento divino nella pasta umana.

Allora, se vuoi seguire questa via, che è la sua Via, non sarai forse sempre capita e sarà molto duro resistere...

Sarà duro perché questa via, più di altre è piena di difficoltà e di pericoli. Se ti spaventa e ti sconcerta è forse segno che sei fatta piuttosto per una vita più inquadrata, più regolare e più al riparo delle tentazioni. Questa via è piena di difficoltà e di pericoli, perché a ognuna delle sue svolte, sul ciglio di tutti i suoi precipizi, non troverai una barriera, un parapetto che ti dia piena sicurezza. Per sostituirli ci vorrà una formazione solida dell'intelligenza, del giudizio, della volontà e del cuore. Ti occorrerà soprattutto un immenso amore.

E avrai come parapetto, come freno, tutto ciò che può rappresentare l'ideale magnifico di fratel Charles di Gesù, e, alla sua luce, il tuo desiderio dell'ultimo posto e le esigenze interiori della tua vita contemplativa e soprattutto quelle della tua vocazione all'Amore...

E tu resisterai, lo sguardo fisso all'Unico Modello, Gesù – Gesù, l'esemplare perfetto dell'umano e del divino!...

Nel cuore delle masse umane
dovrai portare
la tua vocazione contemplativa

Ti sei resa conto che, dietro le apparenze di una vita apostolica, dovrai essere essenzialmente un'anima contemplativa, e che la tua vita contemplativa dovrà essere ancora più irradiante e feconda dato che hai scelto di essere nel cuore delle masse umane, come il lievito nella pasta?

Perché il lievito non perda la sua forza a contatto con la pasta, e perché possa farla lievitare, deve essere ben preparato. Perché tu possa, senza imprudenza essere mischiata intimamente alla massa umana e, soprattutto, perché tu possa trasformarla, dovrai riempirti di Cristo fino a traboccarne. Lui, irradiando attraverso di te, sarà il fermento divino.

Affinché le fraternità possano essere aperte e accoglienti, senza pericolo e soprattutto con frutto, è necessario che siano contemporaneamente focolari raggianti di preghiera e d'amore, di semplicità e di pace, di dolcezza e di gioia. Dovrai vivervi alla presenza di Gesù, come nella santa casa di Nazaret, nel raccoglimento dell'amore, avendo il cuore e lo spirito così pieni di Gesù che attraverso di te, egli irradi e trabocchi.

Affinché il tuo desiderio di subordinare sempre le regole della clausura e del silenzio ai doveri, per te maggiori dell'ospitalità e della carità, non disperda tutte le forze della tua anima, e affinché tu possa restare unita a Gesù nel raccoglimento dell'amore, dovrai praticare in mezzo al mondo, lo spirito di silenzio e di raccoglimento, sforzandoti di conservare innanzitutto il silenzio interiore. Dovrai saper ritrovare con gioia il silenzio esteriore appena la Volontà di Gesù non ti chiamerà più a un altro dovere.

Per poter attraversare senza timore tutti i pericoli che potrebbe avere per la tua anima la tua vocazione di essere mischiata alla massa umana, dovrai sviluppare al massimo la tua vita interiore, la tua intimità con Gesù.

La tua vocazione deriva essenzialmente dal fatto che sei figlia di fratel Charles di Gesù, il grande contemplativo. Se tu non avessi questa vocazione contemplativa, se fossi fatta unicamente per l'azione, per un apostolato attivo, non potresti realizzare che una parte della sua missione.

Essere contemplative in mezzo al mondo, audaci nel sostenere che la loro vita contemplativa potrà fiorire in mezzo alle folle o sulle strade, così come nel silenzio di un chiostro, ciò sconcerta coloro che vorrebbero riservare questo tipo di vita esclusivamente per l'ambiente raccolto di un monastero. Forse non hanno guardato abbastanza Gesù, il contemplativo per eccellenza, Gesù durante la sua vita nascosta a Betlemme e a Nazaret, Gesù durante la sua vita pubblica, Gesù che si è ritirato quaranta giorni solo nel deserto, lontano dalla folla degli uomini, e ha vissuto trentatré anni, con tutta semplicità, in mezzo ai suoi. È vero che Egli era Dio, ma si è incarnato per tracciarci la via. Non ci si può perdere camminando sulle tracce di Gesù e volendo imitarlo:

> Vi ho dato un esempio, infatti, perché anche voi facciate come io ho fatto a voi (Gv 13,15).

Non ti spaventino queste parole: vocazione contemplativa, contemplazione. Non ti facciano pensare a una vocazione eccezionale, a qualcosa di così elevato, che la maggior parte degli uomini non vi possano accedere.

Alla luce di fratel Charles di Gesù, esse ti evochino l'atteggiamento pieno di semplicità, pieno di fiducia e di amore dell'anima

in conversazione intima con Gesù, le tenerezze di un fanciullo
per suo padre, le effusioni di un amico per un amico:

> Quando si ama, si vorrebbe sempre parlare all'essere che si ama,
> si vorrebbe guardarlo sempre. La preghiera non è altro che il col-
> loquio familiare col nostro amatissimo Signore. Lo si guarda, si
> dice che lo si ama, si gode di essere ai suoi piedi... (fratel Charles
> di Gesù, *Scritti spirituali*).
>
> Lodare Dio è l'effondersi ai Suoi piedi in parole d'ammirazione
> e di amore, è ripeterGli in mille modi che Egli è infinitamente
> perfetto, infinitamente amabile, infinitamente amato... Significa
> dirGli continuamente, senza poter mettere termine a una così
> dolce dichiarazione, che Egli è la bellezza e che noi Lo amiamo...
> (*idem*).

Questa è la preghiera nella sua vera essenza, questa è la contemplazione per eccellenza.

Nel lavoro come sulle strade e in mezzo alla folla – per essere
un'anima contemplativa – cercherai di alzare semplicemente lo
sguardo verso Gesù e di entrare in colloquio con lui, come con
l'essere più caro al mondo:

> che Dio sia il re dei nostri pensieri, il signore dei nostri pensieri,
> che il pensiero di lui non ci abbandoni mai, e che tutto ciò che
> diciamo, facciamo e pensiamo sia per lui, sia guidato dal suo
> amore (fratel Charles di Gesù, *Scritti spirituali*).

Così non ti lascerai disperdere in mezzo al mondo:

> Quando si ama non si perde mai di vista ciò che si ama... quando
> si ama non si pensa che ad una cosa: all'essere amato. Non ci si
> preoccupa che di una cosa: del bene dell'essere amato, e di posse-

derlo... quando si ama, una sola cosa esiste: l'essere amato... se un cuore ama dio, vi può essere posto per le inquietudini e le preoccupazioni materiali? (fratel Charles di Gesù, *Scritti spirituali*).

Pregare è pensare a Gesù amandolo. Più lo si ama e meglio si prega (*idem*).

Ma dovrai formarti a questa vita contemplativa.

Per formarti, avrai la tua vita di adorazione, «la più completa espressione dell'amore perfetto», la tua vita di preghiera, tutta centrata su Gesù presente e vivente nell'eucaristia e nel vangelo. Avrai la tua vita eucaristica e ti sforzerai di fare delle tue giornate un ringraziamento continuo, moltiplicando le comunioni spirituali senza altro limite che quello del tuo amore.

La santa Comunione sarà per te, innanzitutto, una completa partecipazione al Sacrificio eucaristico. Vi attingerai la forza e il fervore quotidiano e troverai nel Santo Sacrificio il mezzo per unire la tua giornata con tutto il suo contenuto di preghiera, di lavoro e di sofferenze, alla Passione redentrice del Salvatore.

Andrai al Sacramento della Penitenza, come andresti a Cristo, coraggiosamente, con tutte le tue debolezze e le tue miserie, sapendo per fede che, mediante l'applicazione del Sangue di Gesù, riceverai non solo il perdono dei tuoi peccati, ma tutta la grazia purificatrice e vivificante della Redenzione.

Il vangelo sarà il tuo tesoro. Esso è il libro di vita che contiene la scienza dell'amore. Ne impregnerai la tua intelligenza e il tuo cuore, per poter diventare in seguito con la tua vita, una predicazione vivente del vangelo, un vangelo in atto.

Farai della tua fraternità un Nazaret eucaristico il cui centro sarà il Tabernacolo. La tua gioia più dolce sarà di visitarlo frequentemente per attingervi la carità di Gesù, la vita di Gesù, così da avere la mente e il cuore talmente ripieni di lui, che attraverso di te, egli trabocchi.

E avrai compiuta così la missione che il Piccolo Fratello Charles di Gesù ti ha lasciata in eredità, e le fraternità saranno, come lo desiderava:

> Dei piccoli focolari d'amore dove brucia il Sacro Cuore per accendere il fuoco che Gesù ha portato sulla terra», delle «*zaouias* di preghiera e di ospitalità dalle quali irradia una tale pietà, che la comunità ne sia rischiarata e riscaldata, una piccola famiglia che imita così perfettamente le virtù di Gesù, che tutti i circostanti si mettano ad amare Gesù (fratel Charles di Gesù a H. de Castries, 12 marzo 1902).

Non avrai che un unico modello:
Gesù
Jesus-caritas – Gesù-amore

L'immolazione per la redenzione del mondo – lo spogliamento della povertà totale – la vita mischiata alla massa umana come il lievito nella pasta – la vita contemplativa in mezzo al mondo – sono tutti mezzi per realizzare la tua vocazione di piccola sorella di Gesù. Ma, per dare a questa vocazione tutto il suo senso e la sua unità, dovrai soprattutto vivere al massimo il motto così caro a fratel Charles di Gesù, quello che tutto riassume e include: Jesus-Caritas – Gesù-Amore.

Ed esso rischiarerà e semplificherà talmente la tua vita!

Il piccolo fratello Charles di Gesù non ha aperto nessuna via nuova, nient'altro che la via unica, la via di Gesù. Ha scelto un modello unico: Gesù – un solo capo, un solo maestro: Gesù. Egli ti dirà di avere un solo pensiero, un solo amore, un solo desiderio: Gesù. Ti dirà che una sola cosa è necessaria: amare Gesù.

Ti dirà di «camminare mettendo i tuoi passi nelle orme dei suoi passi», «la mano nella Sua mano» – di «vivere la sua vita» – di «riprodurre amorosamente in te i suoi tratti». Ti chiederà, con la Sua grazia, di lasciarti penetrare cosìì profondamente dal suo Spirito «da pensare i suoi pensieri, dire le sue parole, fare le sue azioni, per quanto è possibile, in una parola, di sparire per lasciarlo parlare e agire col suo Cuore e la sua volontà».

Egli ti predicherà tutte le virtù, ma sarà sempre in funzione di Gesù – per renderti sempre più simile a lui...

Ti parlerà di obbedienza per chiederti di essere una cosa sola con Gesù, come egli è uno con il Padre:

Io e il Padre siamo una cosa sola (Gv 10,30).

Colui che mi ha mandato è con me: non mi ha lasciato solo, per- ché faccio sempre le cose che gli sono gradite (Gv 8,29).

Ti parlerà di dolcezza per imitare l'Agnello divino. Ti dirà di «nutrire pensieri dolci, teneri, caritatevoli», i pensieri di Gesù e di evitare tutto ciò che potrebbe intaccare la carità, che deve regnare fra gli uomini, fratelli di Gesù, «tutti figli del Padre celeste». Ti chiederà di «rinunciare ai tuoi diritti e di lasciarti spogliare piuttosto che difenderti», per imitare Gesù «che tacque di fronte ai Suoi giudici e non ebbe che preghiere per i suoi carnefici».

Ti parlerà della povertà di Gesù, dell'umiltà di Gesù, fattosi l'ultimo di tutti e il servitore di tutti:

Il Figlio dell'uomo non è venuto per farsi servire, ma per servire, e dare la sua vita in riscatto per molti (Mt 20,28).

Ti parlerà di castità per chiederti di abbandonare, senza ri- serve, al tuo amatissimo fratello e Signore Gesù tutta la forza di amare, libera da ogni attaccamento e perciò stesso dilatata nell'amore divino.

Ti parlerà di carità fraterna e universale, chiedendoti di avere verso gli altri i pensieri, le parole e le azioni che sole avrebbero potuto essere ammesse al focolare di Gesù a Nazaret, affinché attraverso questo amore fraterno, si riconoscano le vere discepole del Signore e si possa dire: «Vedete come si amano».

Da questo tutti sapranno che siete miei discepoli: se avete amore gli uni per gli altri (Gv 13,35).

Vorrà che la tua fraternità sia la casa di Gesù, il tetto del Buon Pastore, dove i poveri e gli infelici, i malati, gli ospiti siano fraternamente accolti, come degli «esseri sacri nei quali vive Gesù».

Ti parlerà di zelo, chiedendoti di prodigarti senza riserve, seguendo le tracce del tuo Modello Unico, Gesù, di andare come Lui alla ricerca delle pecorelle smarrite, mettendo tutta la tua gioia nel consumarti al Suo servizio e al servizio dei Suoi fratelli e, se lo volesse, nel morire per il Suo Nome.

Ti dirà di avere una fede invincibile nell'onnipotenza di Gesù, padrone dell'impossibile – una fede invincibile nel trionfo di Gesù, attraverso l'espansione del suo amore e della sua presenza. Ti ricorderà che Gesù ha sparso il suo sangue per tutti gli uomini, che è morto per la redenzione dell'Islam e per la redenzione del mondo.

Ti parlerà di gioia spirituale, ma avrà essenzialmente come fondamento la gloria e la beatitudine eterna di Gesù:

Egli è beato. Noi l'amiamo. Cosa ci manca? (fratel Charles di Gesù, Meditazione sul Salmo 20).

Ti parlerà di amore per farti partecipe dell'amore di Gesù. Ti chiederà di amare lui solo, di essere il luogo del suo riposo e il giardino delle sue delizie, di avere un unico desiderio: pensare solo a lui, vivere solo per lui, voler lavorare e soffrire con lui...

Ti parlerà di immolazione, in unione intima con Gesù. Ti chiederà di desiderare, in una totale sottomissione alla Volontà di Dio, la grazia suprema del martirio per dare, come Gesù, la prova del più grande amore. Ti chiederà soprattutto di dare la tua vita goccia a goccia nell'immolazione oscura e accessibile a tutti del dovere quotidiano.

Sulle sue labbra, sotto la sua penna, vi è una parola unica che ritorna continuamente, perché vi è un essere unico che ha conquistato tutta la sua anima e che è diventato la sua unica passione: Gesù – Jesus-Caritas – Gesù-Amore.

Ed è questo il grande segreto della sua santità. Ciò spiega tutta la fecondità della sua opera. Ciò gli dà un'influenza spirituale così grande, una così grande personalità. Per capire totalmente fratel Charles di Gesù, bisogna dimenticare lui, per vedere solo Gesù che traspare attraverso di lui.

La sua regola è essenzialmente il Vangelo, è il discorso della montagna.

Egli ha capito che Gesù si è incarnato per abitare tra i suoi, e ci ha lasciati tutti i suoi insegnamenti nel Vangelo, per diventare il Modello Unico, la personificazione vivente di tutto ciò che insegnava. Ha capito che per diventare perfetti, bastava guardar vivere Gesù, e poi imitarlo e seguirlo: «La misura dell'imitazione è quella dell'amore».

Egli ha capito che non si potrebbe costruire nulla di solido senza Gesù e che si sbaglierebbe strada se non si seguisse Gesù.

La tua regola: seguirmi... Fare ciò che io farei, in ogni cosa chiediti: "Che farebbe nostro Signore?" e fallo. È questa la tua sola regola, ma è la tua regola assoluta (fratel Charles di Gesù, *Scritti spirituali*).

Vuoi seguire anche tu la via unica, la via di Gesù? Vuoi avere un unico Maestro, un Maestro che è solo amore e dolcezza, luce, forza, pace e gioia?

Allora la tua fraternità dovrà essere un focolare raggiante d'amore come la prima fraternità di Gesù a Nazaret, un focolare di cui egli sia il centro, l'amico intimo, il fratello e insieme il Sovrano padrone e il Signore amatissimo. La preghiera si farà ai suoi piedi, il lavoro con lui, il riposo in sua compagnia.

La tua via spirituale sarà l'amore incarnato nella persona di Gesù.

La tua missione sarà far regnare Gesù e la carità nel tuo cuore e intorno a te. Essa si farà per mezzo suo, con lui, in lui.

Il tuo nome di "Piccola Sorella di Gesù" sarà il simbolo del tuo amore.

Il tuo segno distintivo sarà il cuore di Gesù attraversato dalla croce, simbolo della tua missione di amore e di immolazione.

L'offerta della tua vita all'immolazione per la redenzione dell'Islam e del mondo intero si farà in unione intima al Sacrificio di Gesù sull'altare, e il tuo amore avrà sete di condividere le sofferenze e la croce di Gesù.

Le tue giornate saranno inquadrate fra la prima e l'ultima preghiera di Gesù a suo Padre:

Eccomi, Padre, vengo, per fare la Tua Volontà
Padre, depongo l'anima mia nelle Tue mani.

La tua carità sarà l'effusione di quella che avrai attinto dalla tua vita di unione con Gesù. Il tuo apostolato sarà l'irraggiamento di Gesù presente in te, l'irraggiamento del suo Amore e della sua Presenza nel Santissimo Sacramento e nel Vangelo.

Il tuo metodo sarà quello del tuo unico maestro, Gesù, mediante la bontà, l'amicizia e l'amore.

E Gesù diventerà l'unica passione della tua vita, come è stata quella del piccolo fratello Charles di Gesù. Il suo amore immenso, sintetizzato nel suo motto: «Jesus-Caritas – Gesù-Amore», ti identificherà a Cristo-Gesù, fino a diventare una cosa sola con lui: lui in te e tu in lui e, potrai dire con l'Apostolo: «Non sono più io che vivo, è Cristo che vive in me» (Gal 2,20).

E come l'Apostolo potrai dire ancora:

> Chi ci separerà dall'amore di Cristo Gesù? Né la morte, né la vita, né gli angeli, né i principati, né il presente né il futuro, né la potenza, né l'altezza, né la profondità, né alcuna cosa creata ci potranno separare dall'amore di Dio che ci giunge nel Cristo Gesù, Signore nostro (Rom 8,35.38-39).

E soprattutto dovrai ricevere
in un cuore di bimbo, il piccolo Gesù del presepio
dalle mani della vergine Maria sua madre

E questo sarà il coronamento...

Avrebbe potuto essere il principio, come lo fu per il tuo Unico Modello, Gesù. Ma avevi forse dimenticato di guardarlo con sufficiente amore e non l'avevi contemplato abbastanza a lungo sotto questo aspetto umile, senza grandezza e senza maestà, che dapprima aveva un po' sconcertato pure te...

Finora avevi cercato di fare delle cose grandi e belle, ed eri stata delusa. Si è sempre delusi, in un modo o nell'altro, quando si cerca di fare, da se stessi, qualcosa di grande e di bello, anche se si ha dichiarato il proprio disinteresse fino a crearsi una certa illusione...

Eri stata tanto più delusa quanto più avevi messo parte di te stessa in questo desiderio di fare delle cose grandi e belle – tutta la tua intelligenza, tutta la tua volontà, tutto il tuo amore – con in cuore le intenzioni più rette e le ambizioni più sante.

Senza queste apparenze di fallimento, non saresti davvero tra i discepoli di colui che morì sulla croce, tradito, abbandonato da quelli che aveva chiamato Suoi amici e che aveva preparato, mantenendoli nell'intimità del Suo Amore. Non saresti la vera figlia di colui che morì «*violentemente e dolorosamente ucciso*», dopo essere stato tradito, abbandonato da quelli che amava tanto, senza un amico, senza un figlio che raccogliesse gli insegnamenti di quell'ora suprema...

Ti eri data anima e corpo a questo grande sforzo, tanto felice e fiera ogni volta che ti pareva di essere riuscita un pochino.

Volevi offrire al signore i risultati delle tue iniziative, arrivando a lui felice, con le mani colme. Ma avevi dimenticato di guardare lui, il tuo modello unico. Poteva presentarti solo delle mani trafitte dai chiodi della croce, o delle mani callose di operaio, oppure delle manine così impotenti in una mangiatoia...

E questo presepio, tu l'avevi guardato distrattamente o con lo sguardo un po' sdegnoso di un adulto che troppo facilmente pensa che non è per lui, o che, caso mai, potrebbe esserlo solo nel periodo di Natale.

Avevi guardato più a lungo la croce. Vi avevi trovato qualcosa di più grande per soddisfare la tua età adulta, e poteva esservi, anche qui, un certo orgoglio nella ricerca dell'abbiezione e della sofferenza: ci si crede così facilmente dei personaggi eroici appena si ha un po' sofferto coraggiosamente!...

Avevi guardato la piccola falegnameria del carpentiere e vi avevi ammirato la bellezza che emana sempre dalla fatica del lavoro, anche se l'operaio è poveramente all'ultimo posto, perché ha ancora la fierezza di fare qualcosa per guadagnare il suo pane quotidiano.

Avevi guardato, sulle strade, il Cristo che guariva e benedice-va, e ciò ti aveva dato il desiderio di riprodurre i suoi gesti e anche di estenderli ai confini del mondo, quei gesti dell'apostolo, i cui sforzi sono spesso ripagati dalla gioia di sorprendere, in certi sguardi, dei bagliori di comprensione e di adesione.

E avevi dimenticato di guardare con sufficiente amore la vita intera del Cristo, quella che aveva iniziato nel presepio, sua culla: come un piccolo bimbo, come tutti gli altri bimbi, non un bimbo eccezionale, né un bimbo prodigio, ma un piccolo bimbo come sei stata tu, senza alcuna attrattiva nelle prime ore e nei primi giorni, un piccolo bimbo che piangeva per il freddo sulla paglia e che, per amore, si era messo in quello stato di totale impotenza.

Tale, è stato innanzitutto il nostro Dio e vuole essere contemplato e adorato in questo stato, non solo dai piccoli, ma anche dai grandi, poiché ha accettato l'adorazione dei pastori e dei magi, anzi li ha guidati, mediante una stella, davanti a questo bambinello senza grandezza e senza maestà.

È vero che, per capirlo, bisogna avere degli occhi di bimbo, un cuore di bimbo. Ma si dimentica troppo facilmente che questo stato d'infanzia spirituale non è riservato solo ad alcune anime: è diventato un obbligo da quando il Signore amatissimo prese un bimbo per mano, lo pose in mezzo agli adulti che si disputavano per avere il primo posto e sognavano un regno terreno e disse loro: «Se non diventate come bambini, non entrerete nel regno dei cieli» (Mt 18,3). Non disse: non avrete un posto speciale, ma «non entrerete nel mio Regno».

Questa frase non era stata capita. Ti avevano forse dato delle spiegazioni fantasiose o erronee che non tenevano conto di ciò che era in realtà la debolezza e l'impotenza di un piccolo bimbo. Allora, per fartela meglio capire, il Signore ti aveva ridotta all'impotenza, impotenza della malattia che ti rendeva incapace del minimo sforzo personale, impotenza più dolorosa ancora dell'anima che si dibatte senza forza in mezzo alle tentazioni, nel disgusto del lavoro e della sofferenza.

E, a poco a poco, stanca di tutti questi sforzi inutili, ti sei accorta che pensavi al Presepio e ai Natali passati, e la tua stanchezza e la tua sofferenza si sono calmate per un certo tempo, come si calmano sempre anche i cuori più induriti, davanti allo sguardo limpido di un bimbo.

> Facendosi bimbo così piccolo, bimbo così dolce, egli vi grida: "Fiducia! Familiarità! Non abbiate timore di me! Venite a me! Non temete, non siate così timidi davanti a un bimbo così dolce, che vi sorride e vi tende le braccia. Egli è il vostro Dio, ma è così pieno di dolcezza e di sorrisi... Siate tutta tenerezza, tutto amore e tutta fiducia... (fratel Charles di Gesù, *Scritti spirituali*).

Vorrei, perciò che tu lo guardassi a lungo questo Presepio, alla luce della stella che guidò e rischiarò i Magi e che tu ne capissi gli insegnamenti. Lascia che sorridano coloro che non possono ancora capirli. Soprattutto non presentar loro un aspetto del Presepio che li disorienterebbe. Questo Presepio di Betlemme ha qualcosa di così bello e di così grande perché contiene il Cristo completo, al tempo stesso Dio e uomo e nel prolungamento di questa culla vi è la piccola falegnameria di Nazaret e la Passione e la croce e tutta la gloria della Risurrezione e del Cielo.

Per un eccesso d'amore, il Cristo, figlio di Dio, ha voluto passare attraverso la condizione di impotenza di un piccolo bimbo, la sola condizione che metta un essere nelle mani degli altri in un abbandono totale.

Ed è a causa di questa impotenza che il bimbo si volge sempre verso suo padre. È troppo debole e troppo piccolo per avere una volontà propria e non ha altra volontà che quella di suo padre. Ha in lui una fiducia così commovente. Hai già notato il gesto, così spesso ripetuto, del giovane padre che solleva il suo bimbo al disopra di un precipizio e finge di buttarlo dentro, e il bimbo ride di cuore perché sa bene che suo padre non gli verrà alcun male.

Come tutti i bimbi del mondo, il Cristo operaio, il Cristo della Passione, il Cristo glorioso della Risurrezione ha avuto bisogno, vicino alla sua culla, della vigile tenerezza della Vergine Maria, della sollecitudine di S. Giuseppe che guidò i suoi primi passi e, soprattutto dell'amore del suo Padre celeste al quale obbedì, dalla nascita nel presepio fino alla morte sulla croce.

Guarda il presepio e non fermarti all'aspetto puerile di certe rappresentazioni: questa è la patina di umanità che ricopre le realtà divine. Questo Presepio evochi per te, semplicemente, Colui che è il tuo Dio e che ti chiama a seguirlo in questo spirito d'infanzia e d'abbandono. Insieme a lui, il tuo atteggiamento verso Dio sia quello, fiducioso, di un piccolo bimbo. Insieme a lui, abbandonati teneramente alla vergine Maria, sua madre, nell'atteggiamento del bimbetto che ha bisogno di una mamma presso la sua culla. È così dolorosa una culla su cui non si sia chinata una mamma...

Conserva sempre per lei, la tua mamma del Cielo, un cuore di bimbo. Quando il figlio si fa grande, la mamma si mette in disparte e soffre in silenzio della sua solitudine, perché egli ha talvolta vergogna di avere ancora bisogno di lei, ed è solo nei momenti di grande dolore e nel momento della morte che egli la chiama in aiuto. Si è sempre tanto piccoli di fronte alla sofferenza e di fronte alla morte!...

Non essere mai un'adulta, per la Santa Vergine. Lasciati circondare dalla sua tenerezza materna. Chiedile di insegnarti i segreti del suo amore così delicato per il Signore. Chiedile di aiutarti a rimanere umilmente la «serva del Signore» nel tuo vero ruolo di donna, che deve saper donarsi totalmente, pur nascondendosi e dimenticandosi.

A lei ho affidato tutte le Piccole Sorelle di Gesù perché si lascia sempre ciò che si ha di più caro alla persona che sia ama di più o nella quale si ha maggior fiducia.

A lei, mediatrice di tutte le grazie, affido pure te, domandandoti di ricevere dalle sue mani, il suo bambinello Gesù, per tenerlo sempre con te e portarlo attraverso il mondo, con il suo messaggio di umile e fiducioso abbandono, di semplicità e di povertà, di dolcezza e di pace, di gioia e d'amore... di un amore universale al disopra delle divisioni di classi, di nazioni e di razze, affinché regni, tra gli uomini l'unità nell'amore del Signore.

Vuoi accogliere questo messaggio che racchiude tutta l'essenza del messaggio di fratel Charles di Gesù – tutto l'essenziale dello spirito della Fraternità delle Piccole Sorelle di Gesù?

Da questo segno riconoscerai se il Signore Gesù ti chiama a diventare la sua Piccola Sorella, al seguito di fratel Charles di Gesù...

Piccola Sorella Magdeleine di Gesù
Settembre 1952

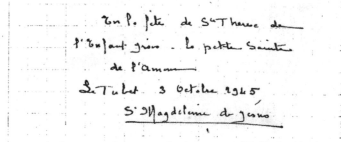

Firma autografa di p.s. Magdeleine per il primo testo del Bollettino Verde.

Dio mi ha presa per mano

L'esempio di fratel Charles
Mariam-Nour di Gesù*

*Dio mi ha presa per mano e, ciecamente,
io ho seguito.*

Con queste poche parole p.s. Magdeleine riassume il suo cammino con il Signore. Nella straordinaria semplicità e la grande umiltà che la caratterizzano, Dio l'ha scelta per essere «una voce che grida nel deserto», chiamandola a impegnarsi in una nuova modalità di vivere secondo il Vangelo, e aprendo coraggiosi sentieri per rinnovare la vita religiosa, vivificandola e adattandola ai bisogni di un secolo nuovo.

Nata nel 1898, all'alba della prima guerra mondiale, in un paese di frontiera che separa la Francia dalla Germania, fin dalla sua giovane età prende dolorosamente consapevolezza delle barriere e delle divisioni che separano gli esseri umani, gli uni dagli altri, e fanno sì che si ignorino tra loro provocando un concatenarsi senza fine di odio e di guerre di ogni genere. Per questo non potrà mai sopportare nessun genere di barriere che l'essere umano alza tra sé e i propri fratelli, tanto più che fin dalla sua tenera infanzia i valori alla base della sua educazione si radicano in un senso profondo della dignità della persona umana qualunque

---

* P.s. Mariam-Nour di Gesù, di nazionalità siriana, è stata tra le prime piccole sorelle mediorientali. Assistente Generale dal 1963 al 1981, visse lungamente accanto a p.s. Magdeleine. Ha molto contribuito a trasmettere il carisma alle nuove generazioni, incarnandolo nella tradizione orientale.

essa sia, creata da Dio e opera delle sue mani. È proprio questa convinzione a spingerla a lottare contro tutte le divisioni che essa scopre man mano intorno a sé. Con lucidità e coraggio, ovunque si trovi, lavora senza cedimenti a ristabilire una relazione calorosa e prossima tra fratelli, nonostante le differenze che separano, finché regni l'Unità che il Signore ci ha tanto chiesto... Questo si concretizza attraverso una solidarietà chiara con colui che soffre maggiormente, con il più povero, il debole e il trascurato, con l'escluso e il peccatore, ma con amore verso tutti senza eccezioni, un amore esigente che non permette in alcun modo di lasciar che si scavi un fossato tra i figli di un solo e unico Padre, Lui che non desidera altro che riunirci tutti nel suo amore.

Nel 1921, p.s. Magdeleine legge un libro di recente pubblicazione sulla vita di Charles de Foucauld[1]. Trova in questo testo, come dice essa stessa, «il vangelo vissuto, la povertà totale, il nascondimento in mezzo alle popolazioni abbandonate... e soprattutto, l'amore in tutta la sua pienezza».

Rimane molto impressionata dalla vita di questo giovane ufficiale che ha attraversato anni di smarrimento, come molti giovani della sua età, e che ha cercato, come loro, di colmare, attraverso divertimenti e trovate di ogni genere, il vuoto doloroso che sentiva nel profondo di se stesso. Ma questo amore folle per la vita e l'avventura che lo portava a organizzare feste e serate per gustare tutti i piaceri mondani, questo stesso amore gli fa lasciare tutto ciò che poteva permettersi a questo proposito per impegnarsi come ufficiale in una spedizione militare nel Sahara... Ed è sempre questo stesso amore per la vita che lo porterà

---

[1]   BAZIN, R., *Charles de Foucauld, explorateur du Maroc, ermite au Sahara*, Plon, Paris 1921.

in seguito a presentare le sue dimissioni dall'esercito, al termine della spedizione, per affrontare una esplorazione del Marocco. Questa esplorazione gli riuscirà brillantemente e lo renderà famoso, ma niente di tutto ciò può appagare la sua sete nè calmare la sua angoscia profonda.

Fa ritorno nel suo paese fortemente impressionato dalla preghiera dei musulmani e dalla loro fede in Dio. Rimane anche molto colpito dalla fede della sua famiglia la cui calorosa accoglienza evoca in lui l'accoglienza del Padre nella parabola del figlio prodigo (Lc 15,11-32). Una grande amicizia si stabilisce tra lui e sua cugina Maria, la cui testimonianza silenziosa e profondamente rispettosa dell'ora di Dio lascerà in lui un'impronta molto profonda. Comincia così una ricerca di Dio a livello intellettuale, nella lettura e nello studio, ma, di nuovo, non trova la risposta alle sue domande finché non si mette in ginocchio riconoscendo la propria debolezza e impotenza davanti a Dio e crede in lui. Solamente allora vede ogni cosa alla luce della fede. «Nuovi orizzonti si aprono davanti a lui»[2]. A partire da questa luce che lo illumina, comincia una nuova vita, una nuova avventura, in cui niente cambia in lui se non l'orientamento di tutto il suo essere e di tutte le sue possibilità per realizzare il disegno di Dio che lo ha chiamato «dalle tenebre alla sua ammirabile luce» (1Pt 2,9), a causa del Suo immenso amore per lui.

Fin dall'inizio della sua conversione è colpito da questo amore infinito di Dio per l'uomo, che gli viene manifestato attraverso il mistero dell'Incarnazione. Viene sedotto dalla «vita umile e nascosta del divino operaio di Nazaret», Emmanuele-Dio con

---

[2] Charles de Foucauld, *Opere Spirituali, Antologia*, Ed. Paoline, Milano 1970, 523.

noi, nel mistero della sua presenza nascosta nel cuore della vita ordinaria, la vita di tutti gli esseri umani. Così fratel Charles vuole che questa forma di vita diventi la sua. Ed è così che riparte nel Sahara, questa volta non per realizzare cose straordinarie che lo contraddistinguano – non fosse altro che per la sua dedizione e il suo zelo – ma per testimoniare con tutto il suo essere, attraverso una relazione di amicizia con ogni persona, che Dio ci ama tutti e che Gesù, il suo unico Figlio, è venuto nel mondo affinché ciascuno di noi ridivenga, a sua immagine, figlio di Dio e fratello di tutti senza distinzione.

P.s. Magdeleine decide di camminare sulle sue tracce. Parte in Algeria mentre il paese vive ancora sotto il giogo della colonizzazione. Ama molto il popolo algerino, ed è sensibile alla sofferenza che questo sopporta. Esprime anche molto rispetto e fiducia nei confronti dei figli di questo popolo di cui condivide la vita e questo permette di stabilire tra lei e i suoi fratelli dell'Islam un'amicizia profonda, testimonianza di come sia possibile ai figli di Dio farsi vicini e vivere in armonia nonostante tutte le differenze che possono esistere tra di essi.

È questo lo spirito con cui p.s. Magdeleine parte per il Medio Oriente non appena viene a conoscenza che i cristiani di questi paesi vivono insieme ai musulmani e appartengono come loro al mondo arabo. Vi accorre per conoscerli e per mettere radici nelle Chiese orientali di cui non aveva mai sentito parlare fino ad allora. Non ritornerà mai più su questa decisione malgrado le incomprensioni che incontra da parte di un grande numero di persone, ma al contrario, più scopre il vissuto doloroso di queste Chiese dimenticate e oppresse, più saranno grandi la sua stima e il suo attaccamento verso di esse.

In ogni situazione, anche nelle più disperate, essa vede la mano di Dio che non cessa di accompagnare ciascuno. Crede nella

Sua presenza nel cuore di ogni situazione, anche delle tenebre più profonde. Cerca in ogni essere umano il volto di Dio, che ha creato l'uomo «a sua immagine e somiglianza» (Gen 1,26), e questo la spinge a manifestargli maggiormente rispetto e venerazione.

Sta in questo la sua intuizione basilare, intuizione profonda che attinge in una vita di unione a Dio, una vita interiore estremamente intensa. E questa vita di intimità con il Signore plasmerà in lei uno sguardo nuovo sull'intero universo che Dio ha santificato con la Sua presenza. Sguardo contemplativo – se è possibile esprimersi così – che trasformerà la sua vita per farne una testimonianza, un messaggio indirizzato al mondo contemporaneo per l'oggi che viviamo:

> Dio mi ha dato una vocazione non di claustrale ma di contemplativa nel mondo, per rendervi presente il Signore, come la Vergine della Visitazione, e per portarvi, al di là dell'aiuto materiale, la certezza del suo amore. Era la vocazione di fratel Charles di Gesù che, pur nell'attività intensa, è stato uno dei più grandi contemplativi del suo secolo[3].

La Congregazione delle «Piccole Sorelle di Gesù» fu fondata a partire da questa vocazione particolare. Sin dalle origini essa è caratterizzata da questo legame molto intimo tra «il sacramento dell'altare e il sacramento del fratello e del povero»[4], come il nostro popolo e soprattutto i Padri Orientali hanno sempre conosciuto. La nascente congregazione viene chiamata «Fraternità». È cresciuta negli anni e si è diffusa dal mondo arabo fino al mondo intero, in diversi paesi e negli ambienti più abbandonati.

---

[3]   P.s. Magdeleine, *Diario*, 8.3.1938.
[4]   San Giovanni Crisostomo, *Omelia sul vangelo di Matteo*, 50,4. PG 58, 508-509.

Nonostante i pericoli e le difficoltà immense che ha dovuto affrontare in questa rapida diffusione, p.s. Magdeleine non aveva nessun altra garanzia che la sua illimitata fiducia nel Signore, «Signore dell'impossibile», che la spingeva con una forza straordinaria a realizzare qualcosa che era ben al di là dei suoi limiti e delle sue povere forze.

Un grande sostegno per p.s. Magdeleine fu anche il riconoscimento e l'incoraggiamento da parte della Chiesa per questa vocazione ispirata da Dio accanto a quella di numerose congregazioni molto meritevoli, per completarsi e aiutarsi vicendevolmente, come si completano e si aiutano le membra di un solo e unico corpo in cui ciascuno occupa un posto insostituibile.

Così, in questa sua visione larga e aperta, p.s. Magdeleine condividerà questo tesoro che le è stato affidato con tutti quelli che il Signore metterà sul suo cammino: sacerdoti, religiosi e religiose, giovani, grandi e piccoli, lavorando a far crescere una «fraternità universale» in cui gli ambienti, le razze e le religioni del mondo si facciano vicini per diventare Uno nell'Amore del Signore.

Alla sua morte, avvenuta nel 1989, una folla numerosissima si è ritrovata intorno a lei alla fraternità generale. Tutti insieme, nella loro grande diversità, fratelli, sorelle e amici testimoniarono, con la loro presenza, ciò che p.s. Magdeleine aveva sognato e ciò per cui aveva operato tutta la sua vita lasciando nel cuore di ciascuno un segno profondo e una grande riconoscenza per ciò che avevano imparato da lei.

Tra i numerosi scritti di p.s. Magdeleine c'è il testamento che lei rivolge a «quelle che fratel Charles di Gesù attira al suo seguito». Questo testamento contiene «il pensiero molto caro al suo cuore». Un pensiero che ha rivoluzionato, per così dire, una certa concezione della vita consacrata, prefigurando il rinnovamento che il Concilio Vaticano II avrebbe portato nella Chiesa, nelle diverse comunità religiose e, in modo più generale, nelle comunità cristiane. Così questo scritto parla al cuore di ogni persona che desidera rinnovare il proprio sguardo sulla vita, e in questo senso, può corrispondere all'attesa di un grande numero di persone che sapranno trovarvi una luce o un pane per il cammino.

Questo testamento fa parte di un bollettino redatto nel 1945, nel quale p.s. Magdeleine spiega, nei primi capitoli, la vocazione propria di fratel Charles e ciò che la caratterizza in primo luogo: la carità universale e l'amore verso ogni essere umano, la solidarietà con i poveri nel concreto della loro esistenza, la fedeltà alla Chiesa, Corpo di Cristo, dalla quale noi dipendiamo e alla quale noi apparteniamo interamente.

Ma nella seconda parte del Bollettino, che lei stessa introduce con queste parole «questo è il mio testamento» si assume tutta la responsabilità di tutto ciò che le pagine seguenti contengono, da cima a fondo, e scrive «se c'è qualcosa di bene, tutta la gloria andrà al Signore Gesù ma se c'è qualcosa di male, io soltanto dovrò esserne condannata».

Incominciando questa seconda parte, p.s. Magdeleine incoraggia prima di tutto molto chiaramente a radicarsi nel mondo come il lievito nella pasta:

Non crederti obbligata per proteggere la tua dignità religiosa a porre una barriera fra il mondo laico e te. Penetra profondamente e santifica l'ambiente in cui ti inserisci.

Poi aggiunge

Oso dirti ancora: prima di essere religiosa sii umana e cristiana, perché più tu sarai perfettamente e totalmente umana, tanto più potrai essere perfettamente e totalmente religiosa.

In una intuizione straordinaria attinta dal mistero di Nazareth, p.s. Magdeleine parte dal concetto della vita ordinaria, quella di ogni essere umano, con tutto ciò che essa comporta di condivisone, fin nelle cose più semplici, e di relazione con gli altri, per farne un cammino di crescita e di santità anche nel quadro della consacrazione religiosa. Ma mette in evidenza davanti ai nostri occhi la condizione primaria ed essenziale che questo comporta: dare la priorità a ciò che è puramente umano e che solo potrà garantire la solidità dell'insieme. Perché questo lato umano è il dono supremo che Dio ha fatto a ciascuno di noi ed è solamente in questo equilibrio umano che può radicarsi e fortificarsi ogni vita, e soprattutto la vita religiosa, per diventare un cammino d'unione a Dio.

Secondo questa prospettiva, p.s. Magdeleine insiste, nel capitolo successivo, sul fatto che se questa vocazione non obbliga ad allontanarsi dal mondo per vivere una vita eremitica basata sul distacco da tutto in vista di Dio solo, o in altri termini per vivere una vita contemplativa che ci unifica con Dio, nondimeno essa ha delle esigenze che le sono proprie. Di conseguenza questo richiede una formazione adeguata affinché il mondo non ci disperda da *l'Unico necessario* (cf. Lc 10,42). Da qui l'importanza del discernimento e dell'attenzione a tutto ciò che fa crescere in noi lo "sguardo interiore", lo sguardo della fede che ci fa vedere nel mondo ciò che il mondo non vede[5]. Allo stesso modo sono importanti i mezzi che ci diamo per esservi fedeli… dispensarsene sarebbe presunzione e vana illusione.

In conclusione di questa audace esposizione sulla via d'unione con Dio nella quale p.s. Magdeleine apre un nuovo cammino di vita contemplativa, essa centra con forza lo sguardo su Gesù,

---

[5] Giovanni di Dalyatha, mistico siro-orientale dell'VIII sec.

il "modello unico", segreto della santità di fratel Charles, segreto della santità di ogni essere umano poiché per lei la santità non consiste nel fare delle cose straordinarie ma dello straordinariamente semplice, alla portata di tutti, come a Nazaret.

E per coronare il suo testamento, p.s. Magdeleine incoraggia a contemplare Gesù in modo del tutto speciale nel mistero della sua presenza, piccola, umile e nascosta, ricevendolo dalle mani della Vergine Maria sua madre, per testimoniarne, alla stessa maniera, nel cuore di questo mondo assetato di "nascere di nuovo" (Gv 3,3), di nascere dallo Spirito che vivifica il cuore dell'uomo! Solo lo Spirito può gridare in noi "Abba, Padre" (Rom 8,15), facendo crescere in noi una fiducia filiale, illimitata nel Padre che ci ama perché è il "Padre nostro". Fiducia che è frutto della maturità della fede e pienezza della nostra relazione con Dio, nella misura in cui ciascuno di noi la sperimenta e approfondisce, trasformandosi così in uno sguardo positivo e costruttivo, in una fiducia piena di speranza verso tutti gli esseri umani.

In questo consiste l'eredità specifica di p.s. Magdeleine, il carisma che le è proprio e che Dio le ha affidato per renderlo accessibile a tutti. Esso supera di molto il quadro della Congregazione che ha fondato. Ecco perché p.s. Magdeleine ha un posto particolare e un ruolo ben specifico nella Chiesa. Ecco perché è importante sollevare il velo per scoprire tutto ciò che noi abbiamo imparato da lei.

Molti sono coloro che oggi conseguono molto da ciò che p.s. Magdeleine ha lasciato in eredità al nostro secolo: una "scuola", una scuola di vita, scuola di vita contemplativa, al tempo stesso antica e attuale, perché radicata nel Vangelo e nella tradizione cristiana universale, così com'è vissuta da noi, in Oriente, e nel mondo intero. A questa scuola, la vita ordinaria, la vita di ogni essere umano, diventa il luogo in cui ogni cosa, ogni avvenimento, ogni persona può lasciar trasparire "chi è Dio". Lo ritroviamo presente in ciò che vi è di più umano in noi, questa "umanità" che Lui ha voluto perché l'essere umano sia a Lui familiare e vicino, condividendo con Lui la sua vita divina.

Per porre il fondamento di questa nuova forma di vita contemplativa, p.s. Magdeleine si appoggia sul senso teologico profondo del mistero di Nazaret, o piuttosto del realismo del mistero dell'Incarnazione, mistero della *kenosi* di Dio nel profondo del nostro essere per elevarci fino al suo rango. Da ciò, essa può affermare che la spiritualità che si ispira a questo mistero non consiste assolutamente nell'allontanarsi dal mondo per cercare il volto di Dio, ma ad avvicinarsi al mondo per trovarvi la presenza del Dio nascosto che si manifesta a noi attraverso la relazione, il farsi prossimo, la presenza ad ogni essere umano, nel cuore della sua vita, là dove si trova.

Si tratta dunque di una relazione d'Amore con Dio che si è fatto uno di noi, come dice la stessa p.s. Magdeleine, e per ciò stesso relazione d'amore con tutti coloro con cui noi condividiamo, come Lui, la vita e il destino. Poiché Dio, in se stesso, nel mistero della sua Trinità, è relazione, relazione d'amore. Tocca a noi entrare nel mistero di questa relazione, nel mistero dell'intimità dell'amore di Dio, perché la nostra vita si trasformi e diventi, a sua immagine, chiara e luminosa, irradiazione della sua luce e del suo amore per noi.

Questo è l'insegnamento di p.s. Magdeleine. E se insiste e sceglie chiaramente questa forma di vita che non si fonda su istituzioni o opere organizzate di qualunque forma esse siano, è perché noi possiamo essere interamente libere per la presenza ad ogni essere umano e che sia così messa in luce, senza alcun equivoco, questa gratuità di relazione che ha la sua sorgente nella gratuità dell'amore di Dio per ciascuno di noi. In questo, secondo lei, stanno la portata della testimonianza e una delle dimensioni missionarie proprie di questa vita contemplativa. P.s. Magdeleine instancabilmente ci ricorda che lei non ha altra missione che quella di una testimonianza personale e comunitaria: la testimonianza che il Signore è presente nel cuore della vita, nel cuore di ogni essere umano chiunque esso sia!

Ha sperimentato, nel corso degli anni, che questa forma particolare di vita contemplativa è una grande sfida. Perché, secondo la tradizione della Chiesa, la vita contemplativa si definisce come "la ricerca del volto di Dio", o "rendersi liberi in vista di Dio solo", e i cammini tradizionali della vita monastica sono l'allontanamento dal mondo e l'organizzazione di una vita claustrale in vista dell'unione con Dio e dell'intimità con Lui. Non è per niente scontato, quindi, che la vita ordinaria mischiata al mondo possa diventare il luogo dell'incontro con il Padre e dell'unione a Lui, se non dando tutta l'importanza alla dimensione sacra di questa vita che Dio ha voluto come luogo della sua incarnazione e della sua abitazione. Egli l'ha resa così cammino di santità, di crescita e di accoglienza della grazia per la maggior parte della gente che vive in piena pasta umana... e, conseguentemente, a maggior ragione per coloro che gli sono consacrati e hanno scelto di camminare al seguito di Gesù e di vivere secondo il suo esempio!

Ecco perché vediamo p.s. Magdeleine insistere incessantemente, e anche con forza, sull'importanza dei mezzi che devono aiutarci alla "vigilanza del cuore" e a rimanere in costante allerta su tutto il nostro essere, allo scopo di poter condividere la meraviglia di Dio che, nel suo sguardo sul mondo, può dire oggi come al primo giorno: «questo è buono» (Gen 1,1-32). Ne consegue l'importanza di cercare che sia così, «non per potenza né per forza, come dice la Scrittura, ma per lo Spirito» (Zac 4,6), cioè nel momento presente dove è presente lo Spirito di Dio, nella pace e il silenzio, e in tutto ciò che ci aiuta a passare giorno dopo giorno dalle apparenze esteriori al mondo interiore dove il cuore si unifica e dove si trova Dio, "Nascosto nel suo mistero", come scriveva Sant'Efrem.

Il testamento di p.s. Magdeleine raggiunge senza alcun dubbio ogni autentico cristiano. E non si limita unicamente a "coloro che fratel Charles di Gesù attira al suo seguito". Poiché la vocazione del cristiano ha, fondamentalmente, la sua sorgente nel mistero dell'Incarnazione che egli vive giorno dopo giorno nel suo inserimento profondo in mezzo al popolo nel quale Dio lo ha stabilito.

In questo testamento ogni cristiano può trovare ciò che p.s. Magdeleine ha cercato di concretizzare e di testimoniare intorno a sé con tutta la sua vita a partire da ciò che ha ricevuto dal Signore – Dio con noi – e di ciò che ha potuto percepire a questa luce: la coscienza acuta della dignità della persona umana, *principale cammino della Chiesa*[6], la preoccupazione di rendere sempre più umano questo universo in «un amore profondo per l'umanità»[7], e sopra ogni cosa la ricerca dell'Unità tra tutti gli esseri umani in particolare solidarietà con tutti coloro che il mondo non considera mentre davanti a Dio siamo tutti uguali poiché ci ha voluti tutti "a sua immagine e somiglianza", né più e né meno di Lui, Lui il Dio della Gloria nel mistero infinito della sua umiltà e del suo straordinario nascondimento!

Questa visione concorda molto profondamente con ciò che in Oriente abbiamo ereditato dai nostri Padri nella Fede, e con quanto ci trasmette la nostra tradizione attraverso i secoli, nonostante la polvere accumulata nel corso della storia. Oggi nel suo testamento, p.s. Magdeleine ci fa ritrovare – sebbene a sua insaputa – l'autenticità di questa tradizione. A noi non resta che continuare ad avanzare sul cammino per trasmettere a nostra volta questo tesoro, con fedeltà, alla generazione che verrà.

---

[6] Cfr. Giovanni Paolo II, *Redemptor Hominis*, Lettera enciclica, 14.
[7] Giovanni Paolo II, *Orientale Lumen*, Lettera apostolica, 14.

Come lievito nella pasta

Annunciare il Vangelo
Annie di Gesù*

Nel 1945 la Fraternità delle Piccole Sorelle di Gesù fondata nel 1939 comincia a crescere e p.s. Magdeleine, la loro fondatrice, sente il bisogno d'esprimere alle giovani attirate dalla Fraternità tutto quello che porta nel cuore. Inizia perciò a redigere un libretto che presenta gli aspetti essenziali del carisma della Fraternità ispirandosi agli scritti e alla vita di Charles de Foucauld. Precisa del resto fin dalle prime righe: «È lui il nostro unico fondatore. Io non sono altro che quella che cerca di trasmetterti il suo pensiero». Ha tuttavia coscienza che questa famiglia di Piccole Sorelle di Gesù «è un ceppo nuovo che il Signore ha voluto per corrispondere a esigenze nuove d'un secolo nuovo» e al centro di questo libretto pone un capitolo intitolato: «Testimone di Gesù, vivrai mischiata alla massa umana, come il lievito nella pasta. Questo è il mio testamento».

Commenta così quest'ultima riga: «Perché queste quattro parole all'inizio di queste pagine piuttosto che altrove?... È che tutte le altre sono ispirate totalmente, unicamente da fratel Charles di Gesù. È il suo spirito più puro, è tutta la sua anima, è dunque il suo testamento che ti ho dato. Non è il mio... Ma delle pagine

---

*   P.s. Annie, francese, è entrata in fraternità nel 1948. Collaborò a lungo con p.s. Magdeleine, in particolare tra il 1970 e il 1981 in qualità di Responsabile generale, acquisendo così una conoscenza profonda delle intuizioni della fondatrice.

che seguono prendo tutta la responsabilità. ...Vi metto tutta la mia anima, il pensiero caro di tutta la mia vita».

Note biografiche

In che modo è nata questa intuizione nel cuore di p.s. Magdeleine? Bisogna risalire, credo, fino alla sua prima infanzia, per coglierne le origini lontane.

La piccola Magdeleine Hutin, nata nel 1898 in una famiglia molto cristiana, manifesta prestissimo un grande senso di Dio e il desiderio di donarsi a Lui. Nello stesso tempo dà prova di una sensibilità sorprendente nei confronti delle persone che sono disprezzate o escluse, sentendosi spontaneamente attirata verso di loro. Si manifesta già quello che sarà una costante nella vita di p.s. Magdeleine: una sensibilità grandissima verso le realtà invisibili e un'attenzione non meno grande verso le realtà umane, perché non separa mai l'umano dal "soprannaturale". Così, quando a ventitré anni scopre la vita e il messaggio di fratel Charles, ha la percezione d'avere scoperto la risposta di Dio che le si faceva più impellente in fondo al cuore: «Avevo finalmente trovato tutto l'ideale di vita di cui sognavo: il Vangelo vissuto..., la povertà totale, l'amore dell'abiezione e soprattutto l'amore in tutta la sua pienezza: Jesus Caritas, Gesù Amore...». Vorrebbe andarsene nel Sahara, ma la malattia e doveri familiari le impediscono ogni partenza per quasi vent'anni. Assume un incarico d'insegnante a Nantes, dove è in contatto con gli inizi dell'Azione Cattolica in Francia, in particolare col movimento della gioventù operaia (la JOC) che è in pieno slancio. È lì che sente per la prima volta formule come "il lievito nella pasta" e "l'apostolato dell'ambiente con l'ambiente". Si sente molto a suo agio in questa corrente nuova di una Chiesa che non soltanto si rivolge a quelli di fuori, ma che vuole condividere la loro vita, vivere fraternamente in mezzo a loro.

Nel 1936, quando una grave forma di reumatismi deformanti la minaccia di paralisi, è il suo medico che le impone di partire per il Sahara per cercare di arrestare il male... Eccola infine in condizioni di seguire fratel Charles. Parte immediatamente, in una grande fragilità, con una giovane compagna e con la mamma che non può abbandonare. Le accoglie un prete a Boghari, piccola città degli altopiani algerini. Le fa stabilire in pieno quartiere arabo musulmano, e questo piace a p.s. Magdeleine, fedele al suo progetto di lievito nella pasta. Molto presto lega amicizia con i vicini e intraprende anche grandi giri nel deserto per incontrare fraternamente i nomadi dei dintorni.

Questa prossimità di vita, quest'amicizia toccano subito il cuore della gente di Boghari. Un giorno p.s. Magdeleine passa, con la sua compagna, vicino a un cimitero musulmano mentre si sta svolgendo un funerale e uno dei presenti fa loro segno di raggiungerli. Si avvicinano perciò alla tomba, pregano in silenzio e la piccola sorella annota:

E lo stesso Arabo che ci aveva trattenute all'inizio, ci ringrazia a nome di tutti del gesto che abbiamo fatto. Ne approfitta anche per ringraziarci di essere venute ad abitare in mezzo a loro per curarli: "Tu ci vuoi bene, tu sei come noi".

In questo periodo in cui è ancora laica cerca anche di rispondere ai bisogni dei più poveri, ma dopo due anni, oberata d'impegni, s'interroga:

Durante un certo tempo, soprattutto quando si è stati imbrigliati dalle circostanze, ci si può lasciare inebriare dalla febbre di un'attività sempre crescente, dalla gioia di donarsi a tutte le miserie. Ma ci si accorge presto che, in un tale eccesso d'attività, manca qualcosa d'essenziale: il tempo di raccogliersi e pregare. Ora, il buon Dio mi aveva dato una vocazione se non di claustrale almeno di contemplativa, mischiata al mondo musulmano, per rendervi presente il Signore, come la Vergine della Visitazione, e per portarvi, al di là dei soccorsi materiali, la certezza del suo Amore. Era la vocazione stessa del piccolo fratello Charles di Gesù, che nell'azione intensa, era rimasto uno dei più grandi contemplativi del suo secolo. Non trovavo questo a Boghari, e ne soffrivo molto profondamente, perché ero turbata e delusa nella mia vocazione.

Contemplativa in mezzo al mondo

«Il buon Dio mi aveva dato una vocazione se non di claustrale, almeno di contemplativa, mischiata al mondo musulmano per rendervi presente il Signore». Credo che sia questa una delle frasi chiave per comprendere l'intuizione propria di p.s. Magdeleine in rapporto a quest'espressione: "il lievito nella pasta".

Come fratel Charles è stata conquistata dal mistero dell'Incarnazione: Dio che in Gesù di Nazaret si è fatto uno di noi condividendo per trent'anni la condizione dei poveri, "ponendo le sue delizie di vivere in mezzo ai figli degli uomini" (Pr 8,31). È guardando Lui, Gesù, e cercando di vivere "come Lui" che p.s. Magdeleine scopre il cammino d'una vita autenticamente religiosa e insieme profondamente umana. Così si esprime in questo testo scritto nel 1941, due anni dopo la fondazione:

"Gesù loro Modello Unico"
Come Gesù incarnato in un popolo umano / Lievito nella pasta /

Essere intimamente mischiate alla massa umana per la loro consacrazione religiosa.

Farsi tutte a tutti, Arabe in mezzo agli Arabi, nomadi in mezzo ai nomadi e prima di tutto umane in mezzo agli umani.

E il Verbo si è fatto carne. Ed ha abitato in mezzo a noi (Gv 1,14).

Nel 1942, evocando i trent'anni della vita di Gesù a Nazaret, p.s. Magdeleine scriveva:

> Tutto Nazaret si riassume in questa frase del Vangelo, così breve ma così piena: "Era loro sottomesso" (Lc 2,51). E stamattina, in tratti di fuoco, questa parola s'incideva nel mio cuore, perché vi comunicassi quello che vuol dire. "Era loro sottomesso". Ma vedete l'eroismo costante che doveva esigere questa sottomissione? E Gesù l'ha vissuta per trent'anni. Vi immaginate cosa rappresentano trent'anni? Con amore, ha fatto la Volontà del suo Padre del cielo facendo quella del suo padre della terra, di colui che era stato scelto per realizzare questo ruolo. E questo è stato fatto senza scontri, senza che nessuno intorno dubitasse di niente... Per anni, tutti i giorni, certamente Gesù ha piallato assi, sempre allo stesso modo. E si è dato premura di venire sulla terra e di restarci trent'anni prima della vita pubblica, unicamente per darci questa testimonianza, lui, Sapienza infinita. Eccola qui la vita religiosa! Mi sbagliavo quando vi dicevo che Gesù non ha fondato monasteri. Eccolo il più bel monastero: "Era loro sottomesso"!

L'amicizia come annuncio del Vangelo

Tre anni prima, nel 1939, p.s. Magdeleine aveva fondato la Fraternità delle piccole sorelle di Gesù in un'oasi del Sahara algerino e aveva vissuto lì, in pieno ambiente musulmano, rimettendosi a loro in una fiducia totale. Scriveva a proposito di questi anni di fondazione:

> Penso a quest'amicizia così profonda tra i poveri infelici nomadi e me… Ho passato con loro un periodo straordinario della mia vita, in cui ho visto che un amore d'amicizia poteva coesistere con delle differenze di razza, di cultura, di condizione sociale. Erano fra i più poveri dei nomadi, quelli che non hanno niente e che si insediano ai bordi delle oasi per trovare soccorso. E con me furono di una bontà, di una delicatezza commovente. Non c'era una porta chiusa in fraternità e non spariva mai niente, mentre erano talmente più poveri di me. Vegliavano su di me e mi curavano quando ero ammalata. E dicevano: "Se muore, bisognerà sotterrarla in mezzo a noi". Tra loro e me l'amore era così grande che non potrei ritrovarne uno simile, perché sono stati i primi ed avevo vissuto un periodo completamente sola con loro, dando loro una fiducia totale. Si diceva attorno a me che mi avrebbero fatto del male… Ma ero talmente sicura di loro che era questa stessa fiducia che mi salvava. E in cinque anni di presenza così ravvicinata, non sono stata delusa una sola volta.

Forte di questa esperienza p.s. Magdeleine poteva scrivere nel 1945 nel famoso testo intitolato "Questo è il mio testamento":

> Come Gesù durante la sua vita umana, fatti tutta a tutti: araba in mezzo agli arabi, nomade in mezzo ai nomadi, operaia in mezzo agli operai… ma anzitutto umana in mezzo agli umani. Non ti credere obbligata, per salvaguardare la tua dignità religiosa e la tua vita d'intimità con Dio contro i pericoli esterni, di drizzare una barriera tra il mondo e te. Non ti mettere ai margini della massa umana. Come Gesù, fa' parte di questa massa umana. Penetra profondamente e santifica il tuo ambiente con la confor-

mità di vita, con l'amicizia, con l'amore, con una vita talmente consegnata, come quella di Gesù, al servizio di tutti, con una vita talmente mischiata a tutti, che tu faccia una cosa sola con tutti, volendo essere in mezzo a loro come il lievito che si perde nella pasta per farla fermentare. Oso dirti ancora: Prima di essere religiosa, sii umana e cristiana, in tutta la forza e la bellezza del termine. Sii umana per glorificare meglio il Padre nella sua creatura e rendere testimonianza all'Umanità santa del tuo Amatissimo fratello e Signore Gesù. Più sarai perfettamente e totalmente umana, più potrai essere perfettamente e totalmente religiosa, perché la tua perfezione religiosa si dilaterà in un equilibrio normale che ne assicurerà la base.

Testo rivoluzionario all'epoca, ma che corrispondeva all'attesa di tutta una generazione... Avevo allora 18 anni e mi ricordo ancora con emozione l'illuminazione avvertita alla lettura di questo testo: qualcuno esprimeva quello che intuivo nel più profondo del cuore! Ero infatti in ricerca, esitando tra il Carmelo e la Trappa... e la Missione Operaia! Conciliare l'assoluto di una vita contemplativa e la condivisone della condizione operaia diventava dunque possibile, ascoltando p.s. Magdeleine. Ella apriva veramente per noi un cammino nuovo di contemplazione, pensato non in termini di separazione e di ritiro dal mondo, ma in termini di relazioni fraterne e di condivisione della vita dei più abbandonati.

Nel 1951, affrontando per la prima volta il continente africano, p.s. Magdeleine scriveva, al momento in cui stava andando a fondare una fraternità in mezzo ai Pigmei della grande foresta:

Soffro di una grande sofferenza da quando sono in mezzo alle popolazioni più povere d'Africa e vorrei che soffriste allo stes-

so modo ogni volta che viene espressa, davanti a dei piccoli e
dei deboli, una superiorità che li schiaccia oppure che si accontenta d'un compito d'educatore, per quanto grande sia l'amore
che l'anima. Vorrei che l'educatore si coniugasse con l'amico e il
fratello...

Penso che noi abbiamo un nuovo messaggio da trasmettere e che
avremo da sopportare le critiche e le incomprensioni. Il messaggio tuttavia passerà perché poggia sulle parole di Cristo: "Non
vi ho chiamato servi... ma vi ho chiamato amici". Eppure quale distanza infinita c'è tra Dio e l'uomo. Non sarò felice se non
quando avrò trovato sulla superficie del globo la tribù più incompresa, la più disprezzata, l'uomo più povero per dirgli: "Il
Signore Gesù è tuo fratello e ti ha elevato fino a Lui... e vengo da
te perché tu accetti di essere mio fratello e mio amico".

Un Dio Amico

In tale prospettiva la preghiera è come naturalmente abitata
da tutti quelli e quelle che diventano veramente fratelli e sorelle attraverso la vita condivisa giorno per giorno. Piccola sorella
Magdeleine cercava di spiegare tutto questo a padre Voillaume
nel 1946:

Per me la preghiera è essenzialmente vita – e poi io non riesco a separare Dio da tutto il creato, perché Dio, sì, è vivente e
presente in tutto il creato. Allora vorrei andare a Lui nella preghiera insieme a tutte le creature – non separarmene per portargliele, perché neanche Lui sia separato da tutto quello che ha
creato, da tutto quello che ama con tutto il suo amore di Creatore, di Padre. (...) In tutti, c'è Gesù ed è Lui che amo attraverso
di loro. Allora come vuole che me ne separi per andare a Dio?

Gli porto tutti quanti perché Lo amiamo insieme e questo non mi impedisce di incontrarLo, di essere con Lui, di parlarGli, di ascoltarLo a Betania...

P.s. Magdeleine era stata segnata nel più profondo del cuore da due esperienze spirituali molto profonde. Nel 1937 era stata afferrata dal mistero di Betlemme, di Dio che viene a noi sotto i tratti d'un bambino piccolo senza difese. Per un eccesso d'amore, scriverà «Cristo figlio di Dio ha voluto passare dallo stato d'impotenza del bimbo piccolissimo, il solo stato che metta un essere nelle mani degli altri in totale abbandono». Abbandono del Presepio che prefigura già quello del Servo sofferente. Qualche anno dopo è l'Innocente inchiodato al legno, che contempla p.s. Magdeleine rivivendone le sofferenze della Passione. «A questo punto non resta che l'Amore», dirà semplicemente guardando il Crocifisso. Porta di questa esperienza della Passione di Gesù «come una ferita al cuore», un'immensa compassione verso ogni essere umano e una forza irresistibile per testimoniare la fraternità umana che Egli è venuto a instaurare tra tutti i suoi fratelli e sorelle in umanità. Dirà spesso che la passione dell'unità sta al cuore della vocazione delle piccole sorelle di Gesù.

> Immergetevi con Gesù di Betlemme, con Gesù di Nazaret..., ma immergetevi come lui in pieno cuore del mondo per esservi lievito d'amore universale e soprattutto d'unità. Siatelo con la vostra amicizia fraterna, piena di rispetto per ogni essere incontrato sulla strada, che sia ricco o povero, cristiano o non cristiano, buono o cattivo... Siatelo con il vostro sorriso al di sopra di ogni miseria e di ogni sofferenza...

Stabilisce sempre di preferenza le fraternità nei luoghi in cui la fraternità umana è frantumata, come piccoli segni che indicano che l'amore avrà l'ultima parola. In ogni situazione di violenza e di scontro si lascia interpellare dalle parole di Gesù. Nel 1944, durante la seconda guerra mondiale, che risveglia nella sua memoria tante sofferenze passate, scrive alle piccole sorelle:

> Il tempo in cui viviamo non è peggiore di quello della Passione e del Calvario. Poiché noi non possiamo fare niente per salvare il paese, ripetiamo con Gesù: "Padre, perdona loro, perché non sanno quello che fanno" (Lc 23,34). Ho il diritto di predicarlo senza essere sospettata, dopo tutto quello che ho sofferto personalmente durante l'ultima guerra...

Così in ogni situazione, per quanto estrema sia, è il comportamento di Gesù che è per lei il riferimento ultimo. A Betania, nel 1950, meditando sulla Passione del Salvatore, scrive:

> Ha scelto il Signore Gesù? Non si è invece offerto ai chiodi della croce, le braccia spalancate, proprio perché nessuno fosse escluso dal suo amore, fosse pure il più miserabile, il più egoista e il più ingrato di tutti gli uomini, il più ingiusto di tutti i padroni... Per tutti il Signore Gesù ha sofferto ed è morto. Tutti, senza esclusione, in nome del suo amore, hanno diritto stretto al vostro amore fraterno...

Fratel Charles di Gesù

Gesù-Amore, queste due parole inviolabilmente si incisero nel cuore di p.s. Magdeleine al momento in cui aveva scoperto la vita e gli scritti di fratel Charles. Nel 1951, sulla sua tomba, a El Golea, scriveva alle piccole sorelle:

> Se fratel Charles di Gesù non fosse vissuto, la nostra vocazione sarebbe stata senza dubbio tutt'altra. E questa vocazione, abbia-

mo un bel girare e rigirare il suo pensiero, dire certi giorni che s'esprime piuttosto con la povertà o con la vita contemplativa, questa vocazione è essenzialmente una vocazione all'amore. E non è un amore ideale, astratto, ma un amore fraterno e universale fino a soffrirne in tutte le profondità del nostro essere..., fino a morirne se Dio vuole, come fratel Charles la cui esistenza può essere riassunta alla sequela di Cristo con queste parole: "Non c'è più grande amore che dare la vita per i propri amici"... Che egli vi comunichi il suo amore tenero e ardente per Cristo e per i suoi fratelli, gli umani. Vi ottenga la gioia di dare la vita per loro, lentamente o brutalmente, nell'abbandono e nella solitudine o nella gioia di un'amicizia fraterna. Che importa la forma se c'è l'amore. Lui solo conta per la redenzione del mondo.

E fino alla fine della sua vita p.s. Magdeleine ripeterà: «Torniamo alle fonti... Siamo contemplative in mezzo al mondo, non per chiudervisi egoisticamente su noi stesse, ma per essere lievito nella pasta... per far amare Cristo attraverso di noi».

Indice

Galleria fotografica

1948, El-Abiodh, Algeria. Foto scattata durante uno dei viaggi che p.s. Magdeleine faceva per consolidare le prime fraternità. A El-Abiodh, insieme ai Piccoli Fratelli, si tenevano sessioni di formazione guidate da p. Voillaume.

1966, davanti alla "Stella filante", la camionetta con cui, dal 1956 in poi, p.s. Magdeleine visitava tutti gli anni i paesi oltre la Cortina di ferro, intrecciando relazioni con la Chiesa locale e creando legami di fraternità.

1967, Touggurt, Algeria. La gioia di ritrovare i primi amici che l'accolsero e l'aiutarono fin dal principio della fondazione (1939).

1973, Roma. "Sono venuto a riconoscervi": Paolo VI durante la visita alla fraternità generale di Tre Fontane.

1980, S. Pietro, Roma. Udienza con papa Giovanni Paolo II, amico di p.s. Magdeleine fin dal suo primo viaggio in Polonia, nel 1957.

1977, Roma. P.s. Magdeleine visita Madre Teresa di Calcutta: uno scambio sul vissuto delle due comunità.

1953, Papuasia. P.s. Magdeleine visitò tutti i continenti per fondare fraternità tra le popolazioni più isolate, povere e trascurate.

1951, Assekrem, sud dell'Algeria. Con gli amici Tuareg nei luoghi in cui fratel Charles aveva vissuto.

1954, Alaska. Con p.s. Jeanne e p. Voillaume per fondare una fraternità tra gli Inuit.

1979, Shangai. Dopo una lunga attesa, a 80 anni, p.s. Magdeleine ottiene un visto turistico per visitare la Cina e non esita a intraprendere il viaggio.

Roma, Tre Fontane. P.s. Magdeleine al lavoro, fedele a rispondere alle numerose lettere ricevute da piccole sorelle e amici da tutto il mondo.

A tutte le età una vita fraterna nel dialogo semplice e vero, permette di vivere le esigenze della missione.

Roma, Tre Fontane. Nel cuore della Fraternità generale, la cappella riunisce le piccole sorelle intorno a Gesù Eucaristia.

2014, Tiro, Libano. Voti perpetui di una piccola sorella nella cattedrale della Chiesa maronita.

2015, Ostia. Lo stand delle Piccole Sorelle al Luna park, una presenza tra i giostrai.

2014, Trentino. Le piccole sorelle al lavoro per la raccolta delle mele, insieme ad altri lavoratori stagionali, spesso provenienti da differenti paesi.

Siria. Una sorella collabora con il Je-
suit Refugee Service a servizio dei
rifugiati.

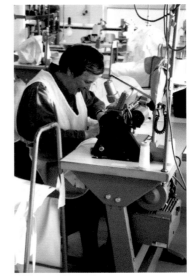

Polonia. Una piccola sorella artigia-
na mentre, lavorando al tornio, dà
forma a un vaso.

Austria, una piccola sorella al lavoro
in una fabbrica di cucito.

Cosenza. Lavoro delle piccole sorelle che vivono nel campo Rom.

Assisi. Il dialogo ecumenico nella quotidianità: l'accoglienza della diversità in una relazione di amicizia.

Roma. La lavorazione della terracotta è un modo per diffondere il messaggio della fraternità, legato al mistero dell'incarnazione e dell'infanzia spirituale.

Ruanda, Butare. Una piccola sorella al lavoro con i bambini sordomuti per testimoniare la tenerezza di Dio al di là delle barriere.

Perù. Lavoro nei campi con gli altri campesinos del villaggio. I prodotti vengono poi equamente divisi tra le famiglie.

Cuba. La gioia dei più piccoli.

El-Fayoum, Egitto. Nella grande oasi, le piccole sorelle si fanno vicine so-prattutto alle mamme e ai loro bambini.

Paraguay. L'incontro tra le diverse generazioni.

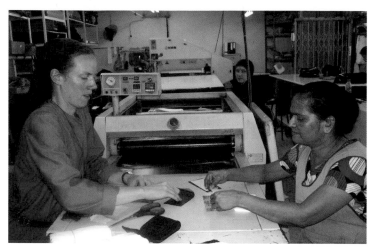

Libano, Beirut. Una piccola sorella in fabbrica raggiunge i numerosi immigrati nelle loro condizioni di lavoro.

Roma, Tre Fontane. La gioia delle giovani generazioni nel ritrovarsi per festeggiare i 70 anni della fondazione.

India. Al lavoro nella cucina di una associazione umanitaria.

Varsavia, una piccola sorella al lavoro in magazzino.

India. Una piccola sorella insieme ai colleghi d'ufficio.

Vietnam. Al lavoro nei campi, insieme ai vicini.

Giappone. Lavoro in cucina in una casa di accoglienza per disabili.

Filippine. Al lavoro in una fabbrica di cucito.